U0102051

自贸区研究系列

中国自由贸易试验区协同创新中心

刘乃全 等 编著

上海服务"一带一路"
定位研究

格致出版社 上海人民出版社

序　言

　　2013 年 9 月与 10 月中国国家主席习近平在访问哈萨克斯坦和印度尼西亚期间提出了建设"丝绸之路经济带"与"21 世纪海上丝绸之路"（即"一带一路"）的倡议，这就意谓着中国将迈入由"一带一路"倡议所勾画的开放新时期，也即从原来的沿海开放重点战略走向沿海与陆上共同开放的新开放战略，这既是中国应对世界经济格局的挑战所做出的战略性调整，也是中国应对国内经济形势及缩小区域发展差距所做出的重大战略性部署，同时也是"一带一路"沿线国家的内在需求。这一倡议的提出既是历史的延续，具有路径依赖的特征，又具有非常可靠的区域合作基础，因为我国已经与周边国家及地区建立了多层次的区域合作体系。2015 年 3 月，国家发改委、外交部、商务部经国务院授权发布《推动共建丝绸之路经济带和 21 世纪海上丝绸之路的愿景与行动》（以下简称《愿景与行动》），这一"顶层设计"不仅面向全球阐释了"一带一路"倡议的美好愿景和行动计划，而且立足国内大局，较好地发挥了国家规划的引领和指导作用，也使得"一带一路"倡议得到实质性推动，相关省、市、自治区及沿线城市都描绘出了如何对接"一带一路"倡议及实现自身发展的宏伟蓝图。2017 年 5 月 14 日至 15 日在北京成功举办的第一届"一带一路"国际合作高峰论坛更是将中国提出的"一带一路"倡议逐步转变为区域共识甚至是全球共识，"和平合作、开放包容、互学互鉴、互利共赢"的丝路精神已经得到国际社会的充分认可。

　　"一带一路"倡议既是我国对外开放的新思考，也是各省、市、自治区对外拓展发展空间的新机遇。如何利用自身的发展优势及国家定位寻找"一带一路"的合作机遇与合作空间，将是各省、市、自治区未来发展战略及规划的重点内容与新一轮对外开放的主要内涵。上海作为我国海陆双向开放的重要结点，恰好将"丝绸之路经济带"与"21 世纪海上丝绸之路"连接起来，加之在金融服务、对外贸易、制度创新、科技创新及技术交易、教育及人才培养、园区运作等等方面具有比较优势甚至是绝对优势，所以，上海应该成为服务"一带一路"建设的枢纽平台和辐射中心。按照《愿景与行动》中涉及上海的相关内容，上海应围绕"加快推进中国（上海）自由贸易试验区建设"，"加强上海沿海城市港口建设，强化上海国际枢纽机场功能"等战略部署，将自身打造成为"一带一路"特别是"21世纪海上丝绸之路"建设的排头兵和主力军——依托自身的影响力、辐射力以及自贸试验区等先行先试优势，发挥重要的示范和带动作用。并以扩大开放倒逼深层次改革，创新开放型经济体制机制，形成参与和引领国际合作竞争新优势，结合自贸试验区在改革"质"的提升和"一带一路"在改革"域"的扩大，进一步上海提升服务区域经济合作的能力。

通过与世界联系的紧密程度看，上海城市发展的轨迹可勾勒出"首次全球化—发展脱离全球化—再次全球化—参与并引领全球化"历史变迁过程，与此相对应的是，上海城市功能的定位经历着"远东经济中心—国内工商中心—全国经济中心—迈向全球城市—卓越全球城市"的动态演变。中国共产党上海市第十一次代表大会报告中明确提出了"建设卓越的全球城市"的战略目标，而且上海的发展与功能定位始终与中国的区域发展战略总体格局及国家赋予的历史使命分不开。因此，上海在新一轮的规划中既要满足自身发展的需要，又要充分考虑"一带一路"倡议和全国战略对上海的要求，把自身发展建立起新的竞争优势与放在"一带一路"和全国发展的大局中考量。所以说，上海的未来发展既要结合卓越的全球城市与社会主义现代化国际大都市建设的目标，又要围绕"四个中心"及国家赋予的建设自贸试验区和具有全球影响力的科创中心两大任务，在新一轮全球化形势下谋划城市转型、把握城市定位，进而服务于"一带一路"倡议，最终实现自身发展与国家战略的统一。

本书首先从全球城市角度来看"一带一路"倡议与上海功能定位是如何有机结合的，这既是上海自身发展的必然要求，也是实现卓越的全球城市目标的战略机遇。其次，作为国际金融中心功能地位的上海更是要借助"一带一路"实现人民币的国际化，并充分利用上海自贸试验区平台，增进上海的资本融通功能，这是服务"一带一路"的重要平台。第三，借助国际贸易中心的功能地位，上海要不断拓展与"一带一路"沿线国家或地区的投资和贸易出口，打造"一带一路"贸易合作的节点，并不断提升上海国际航运中心的地位，实现贸易与航运中心的有机结合。第四，作为具有全球影响力的科创中心不仅要依托上海原有的具有比较优势的高新技术产业及其进行的边际创新,还要创新产业发展模式实现产业链条的创新,同时构建全球性的技术转让与转移中心链条,从而将科创中心建设与"一带一路"有效对接。第五,卓越的全球城市必然要有融合的多元文化,上海具有历史文化的沉淀与教育等等传统优势,因此,结合上海国际文化大都市建设的规划目标,本书提出了提升上海文化融汇引领功能服务"一带一路"的倡议。第六,作为服务"一带一路"的主要载体,上海应该利用自身在园区运作与产业发展方面的优势,积极推动上海园区"出海"来服务"一带一路"。

本书共分六章,由刘乃全全面负责书稿的整体设计、内容安排与编撰工作,具体分工如下:第 1 章由刘乃全、李鲁、刘学华撰写,第 2 章由麦勇撰写,第 3 章由任光辉撰写,第 4 章由刘传玉与刘乃全撰写,第 5 章由刘宝权与刘乃全撰写,第 6 章由李鲁、刘乃全、刘学华撰写。

本书的写作与出版受到上海财经大学自由贸易试验区协同创新中心的资助,在此表示衷心的感谢,同时还要感谢格致出版社的钱敏女士,她为本书的出版做了大量的工作。

在第一届"一带一路"国际合作高峰论坛圆满结束之际出版此书,以供大家评阅,也算是应景之作。由于作者自身能力或者认识上的差异,使得本书的写作可能存在这样或者那样的问题,敬请读者见谅。

目　录

第 1 章
上海建设全球城市服务"一带一路"国家战略[*]

1.1　基本背景

1.1.1　战略背景

1. "一带一路"战略的提出和现实基础

2013 年 9 月和 10 月,中国国家主席习近平在出访中亚和东南亚国家期间,先后提出共建"丝绸之路经济带"和"21 世纪海上丝绸之路"的战略构想。2015 年 3 月 28 日,国家发改委、外交部、商务部联合发布的《推动共建丝绸之路经济带和 21 世纪海上丝绸之路的愿景与行动》(以下简称《愿景与行动》),是推进实施"一带一路"战略的纲领性文件。"丝绸之路经济带"和"21 世纪海上丝绸之路"涉及 65 个国家和地区,包括东亚的蒙古、东盟 10 国、西亚 18 国、南亚 8 国、中亚 5 国、独联体 7 国、中东欧 16 国。

"一带一路"战略是我国政府的最高决策,也是决策层积极应对全球形势深刻变化、统筹国际国内两个大局的重大战略决策,还是关乎未来中国改革、发展、稳定乃至实现民族复兴中国梦的重大"顶层设计"。"一带一路"战略的提出,具有深刻的时代背景。第一,随着世界经济全球化、区域经济一体化的加快推进,全球经济进一步增长,贸易与投资格局正处于深刻调整之中,世界经济的发展到了转型升级

---

* 本章的部分观点已经刊发,见《上海服务"一带一路"国家战略的定位和路径探析》,《经济与管理评论》2015 年第 5 期。

的关键阶段,因而需要调动一切资源能力,以进一步激发区域发展活力与合作潜力。第二,中国已经成为世界能源进口与消费大国,目前我国原油进口来源和运输渠道比较集中且单一,近年来南海的紧张局势也使得能源安全形势加剧。第三,国内改革进入深水区,对外开放面临调整转向,经济发展处于换挡期、阵痛期、消化期"三期叠加"的新阶段,改革与发展也到了一个新的关键时期。第四,中美双方在战略上的博弈日趋白热化,一方面是美国"重返"亚洲的再平衡战略,另一方面是中国积极参与建构国际新秩序,两者之间的对冲越来越激烈。第五,"中国威胁论"甚嚣尘上,某种程度而言,国际舆论对中国的快速增长有偏见与戒备,尤其是西方主流媒体对中国发展和崛起抱有疑虑、担忧甚至敌意。

"一带一路"战略提出具备区域合作现实基础,有利于周边合作的全覆盖。首先,中国已经初步形成了对外开放的整体格局。图们江区域合作、上海合作组织、大湄公河次区域经济合作以及东盟与中日韩(10+3)等区域合作构成了中国与周边国家和地区开展区域合作的基础(表 1.1)。跨区域连接的大通道已经或正在建设规划中,陆上体现为新亚欧大陆桥、中蒙俄、中国—中亚—西亚、中巴、孟中印缅、中国—中南半岛等国际经济合作走廊;海上体现为中国沿海港口过南海到印度洋,延伸至欧洲及从中国沿海港口过南海到南太平洋通道等。其中,2013 年开始的中巴经济走廊成为样板(喀什—瓜达尔港)。

表 1.1 "一带一路"战略的区域合作基础

时　间	简　　　　介	文　件
1992 年	在联合国开发计划署的倡导下,中、俄、朝、韩、蒙五国共同启动了图们江区域合作开发项目	《中国图们江区域合作开发规划纲要》
1992 年	由亚洲开发银行发起,涉及流域内的 6 个国家,包括中国、缅甸、老挝、泰国、柬埔寨和越南,旨在通过加强各成员国间的经济联系,促进次区域的经济和社会发展	《大湄公河次区域便利货物及人员跨境运输协定》等
1992 年	新亚欧大陆桥(第二亚欧大陆桥),是从中国的江苏连云港市,到荷兰鹿特丹港的国际化铁路交通干线,中国国内由陇海铁路和兰新铁路组成。途经 7 个省、区,到中哈边界的阿拉山口出国境。出国境后可经 3 条线路抵达荷兰的鹿特丹港。辐射世界 30 多个国家和地区	
2001 年	前身是上海五国会晤机制。哈萨克斯坦共和国、中华人民共和国、吉尔吉斯共和国、俄罗斯联邦、塔吉克斯坦共和国、乌兹别克斯坦共和国在中国上海成立的永久性政府间国际组织	《上海合作组织成立宣言》《上海合作组织宪章》

续表

时　间	简　　　介	文　　件
2010 年	2000 年在新加坡举行的第四次东盟与中国(10＋1)领导人会议上,中国国务院总理朱镕基提出建立中国—东盟自由贸易区的建议。中国与东盟 10 国之间构建的自由贸易区,即"10＋1"。中国—东盟自贸区是中国对外商谈的第一个自贸区,2010 年建成	《南海各方行为宣言》《中国与东盟全面经济合作框架协议》《中国—东盟自由贸易区投资协议》等
2012 年	2012 年 5 月正式启动,2015 年中韩自贸区谈判全部完成。中国威海市和韩国仁川自由经济区作为地方经济合作示范区	《中华人民共和国与大韩民国政府自由贸易协定》

　　注:中国与"一带一路"沿线国家区域合作实践内容更为丰富,表中仅为列示了部分代表性内容。

　　2. 构成要素

　　"一带一路"战略提出前后,专家和学者们从科学内涵和特性(柳思思,2014;袁新涛,2014;盛毅等,2015)、推进思路和策略(陈耀,2015;孙伟,2015)、操作重点(张茉楠,2015;张可云,2015)、金融支持(王敏等,2015)、国际关系和外交风险(黄益平,2015;薛力,2015)及深远意义和影响(霍建国,2014;张玉杰,2014;《求是》,2015)等不同角度,进行了广泛研究、解读和引申讨论。结合已有研究和《愿景和行动》,"一带一路"战略概言之可理解为,致力于构建一个"新规则下共赢的交流网络"。

　　具体而言,其逻辑构成包含四个方面:其一,开放和包容理念引导。全球化是全球发展不可逆的趋势,一方面,倡导"一带一路"沿线国家和地区主动积极开放,加强和创造合作发展的条件和机会,另一方面,克服先发国家国内发展和全球化过程中的环境污染、收入差距拉大、区域摩擦等一系列外部性问题,坚持"包容性发展",丝路国家互利共赢、共同发展。其二,"硬件"和"软件"共同支撑。一方面"硬件"先行,将基础设施互联互通作为建设优先领域并筹建亚投行、金砖国家开发银行、出资 400 亿美元成立丝路基金提供资金支持。另一方面,"软件"保障维护网络高效运行,共同打造区域和国际合作架构、规则和协调机制,积极探索全球治理新模式。其三,物质流通与文明交流并行。网络中包含有形商品、要素的流通,及先进思想、理念、制度、价值等无形产品的分享交流等。其四,国际国内两个大局统筹。

"一带一路"战略继续秉持邓小平提出的"和平与发展"理念,面对全球经济形势复苏乏力及纷繁复杂的国际和地区局面,在中国"新常态"下致力于国内外合作、共赢。更高水平、更深层次和更广范围的改革、开放和创新既是"一带一路"战略的三大核心要素,也是国内不同区域和城市对接、融入和服务"一带一路"战略的必然要求。

3. 时空布局

"一带一路"战略描绘了一幅中国与沿线国家和地区共同发展的雄伟蓝图。从时间维度看,考虑到"一带一路"建设是一项长期的系统工程,《愿景与行动》一方面以"愿景"形式给出方向性、框架性、意向性的设计、目标及初步构想,并期望与沿线国家和地区进一步协商来共同完善;另一方面,又以"行动"形式表明中国主动承担责任大国立场,并提出了一批务实和可操作的重点领域、工程和项目,比如在"一带一路"沿线国家和地区设立政府奖学金计划、建立"一带一路"国际高峰论坛等。

从空间维度看,她以联通网络形式包含了亚、非、欧三大洲 26 个国家和地区,覆盖总人口约 44 亿,经济总量约 21 万亿美元,分别占全球的 63% 和 29%。同时,《愿景与行动》明确将国内东中西三大区域 18 个省市纳入其中,重点提及 26 个节点城市,提出了功能定位和重点任务。"一带一路"战略时空布局的逐步实施将重塑全球经济、政治、文化和安全版图,同时指引"新常态"下中国内外开放和国内区域竞争合作,被视为连接中国梦和世界梦的桥梁。

1.1.2 上海定位

1. 基础优势

上海作为我国海陆双向开放的重要结点,如何于"一带一路"和全国发展大局中继续发掘自身优势,结合近期国家赋予的建设上海自贸试验区和全球影响力的科创中心两大任务,在新一轮全球化形势下谋划城市转型、把握城市定位,服务于"一带一路"国家战略布局,是当前迫切需要解答的重要理论和现实命题。

上海作为我国海陆双向开放的重要结点,恰好将"丝绸之路经济带"与"21 世纪海上丝绸之路"连接起来,加之在金融服务、对外贸易、科技创新等方面具有比较优势,可以成为服务"一带一路"建设的枢纽平台和辐射中心。上海围绕"加快推进中国(上海)自由贸易试验区建设","加强上海沿海城市港口建设,强化上海国际枢纽机场功能"等战略部署,将成为"一带一路"特别是 21 世纪海上丝绸之路建设的排头兵和主力军——依托自身的影响力、辐射力以及自贸试验区等先行先试优势,发挥重要的示范和带动作用。以扩大开放倒逼深层次改革,创新开放型经济体制机制,加大科技创新力度,形成参与和引领国际合作竞争新优势,结合自贸试验区在改革"质"的提升和"一带一路"在改革"域"的扩大,上海需要突出自身在服务国家战略中的定位和作用,把自身发展建立起新的竞争优势与放在"一带一路"和全国发展的大局中谋划结合,进一步带动长三角、带动长江经济带和服务全国,加强对外开放和区域经济合作。

2015 年发布的《愿景与行动》,直接提到或涉及上海有关部署如表 1.2 所示。总体来看,除政策沟通以国家层面为主外,围绕设施联通、贸易畅通、资金融通、民心相通等战略部署,上海承担着"加快推进中国(上海)自由贸易试验区建设","加强上海沿海城市港口建设,强化上海国际枢纽机场功能"等一系列重要战略任务和要求。一方面,依托这些战略部署、任务及要求,上海要创造城市发展的新机遇和新动力,谋划上海城市功能、布局、转型、定位问题;另一方面,上海要以此为"切入口",为国家战略服务,利用自身影响力、辐射力以及自贸试验区、全球科技创新中心等先行先试优势,发挥示范和带动作用,成为"一带一路"特别是 21 世纪海上丝绸之路建设的排头兵和主力军。

表 1.2 "一带一路"愿景行动与上海

行动方案	主　要　内　容
框架思路	丝绸之路经济带重点畅通中国经中亚、俄罗斯至欧洲(波罗的海);中国经中亚、西亚至波斯湾、地中海;中国至东南亚、南亚、印度洋。21 世纪海上丝绸之路重点方向是从中国沿海港口过南海到印度洋,延伸至欧洲;从中国沿海港口过南海到南太平洋 根据"一带一路"走向,陆上依托国际大通道,以沿线中心城市为支撑,以重点经贸产业园区为合作平台,共同打造新亚欧大陆桥、中蒙俄、中国—中亚—西亚、中国—中南半岛等国际经济合作走廊;海上以重点港口为节点,共同建设通畅安全高效的运输大通道

续表

行动方案		主　要　内　容
合作重点	设施联通	逐步形成连接亚洲各次区域以及亚欧非之间的基础设施网络;逐步形成连接亚洲各次区域以及亚欧非之间的基础设施网络;共同推进跨境光缆等通信干线网络建设,提高国际通信互联互通水平,畅通信息丝绸之路。加快推进双边跨境光缆等建设,规划建设洲际海底光缆项目,完善空中(卫星)信息通道,扩大信息交流与合作
	贸易畅通	拓宽贸易领域,优化贸易结构,挖掘贸易新增长点,促进贸易平衡。创新贸易方式,发展跨境电子商务等新的商业业态。建立健全服务贸易促进体系,巩固和扩大传统贸易,大力发展现代服务贸易。把投资和贸易有机结合起来,以投资带动贸易发展。
	资金融通	深化金融合作,推进亚洲货币稳定体系、投融资体系和信用体系建设。扩大沿线国家双边本币互换、结算的范围和规模 共同推进亚洲基础设施投资银行、金砖国家开发银行筹建,有关各方就建立上海合作组织融资机构开展磋商。加快丝路基金组建运营。深化中国—东盟银行联合体、上合组织银行联合体务实合作,以银团贷款、银行授信等方式开展多边金融合作
	民心相通	扩大相互间留学生规模,开展合作办学,中国每年向沿线国家提供 1 万个政府奖学金名额 加强旅游合作,扩大旅游规模,互办旅游推广周、宣传月等活动,联合打造具有丝绸之路特色的国际精品旅游线路和旅游产品,提高沿线各国游客签证便利化水平 加强科技合作,共建联合实验室(研究中心)、国际技术转移中心、海上合作中心,促进科技人员交流,合作开展重大科技攻关,共同提升科技创新能力
中国各地方开放态势		沿海和港澳台地区。利用长三角、珠三角、海峡西岸、环渤海等经济区开放程度高、经济实力强、辐射带动作用大的优势,加快推进中国(上海)自由贸易试验区建设,支持福建建设"21 世纪海上丝绸之路"核心区 加强上海、天津、宁波—舟山、广州、深圳、湛江、汕头、青岛、烟台、大连、福州、厦门、泉州、海口、三亚等沿海城市港口建设,强化上海、广州等国际枢纽机场功能。以扩大开放倒逼深层次改革,创新开放型经济体制机制,加大科技创新力度,形成参与和引领国际合作竞争新优势,成为"一带一路"特别是"21世纪海上丝绸之路"建设的排头兵和主力军

　　资料来源:根据《推动共建丝绸之路经济带和21世纪海上丝绸之路的愿景与行动》摘编整理。

2. 上海定位:建设与中国大国地位相适应的"全球城市"

"一带一路"战略的推进实施是一个长期的历史过程,将贯穿中国两个百年梦想的时间节点,也是"伟大中国梦的合理延伸"。上海城市定位选择及逻辑必须置于这种联系中考察分析,并着眼于未来更长时段进行前瞻和布局。根据两个百年梦想,中国将在建党一百周年即 2021 年时,全面建成小康社会,到本世纪中叶新中国成立一百周年时建成社会主义现代化国家,实现中华民族的伟大复兴(图 1.1)。未来 20—30 年,中国的大国地位将逐步确立,根据世界银行《2030 年的中国》报告,即使中国经济增速比之前慢 1/3(即平均增速 6.6%),中国仍将在 2030 年之前的某个时刻步入高收入国家行列。进一步地,中国将成为全球最大经济体,在全球治理结构中占有主导地位之一。

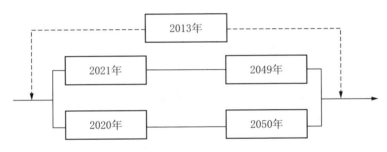

图 1.1　"一带一路"战略与上海定位

对照上述关键时间节点,上海在 2020 年基本建成"四个中心"和现代化国际大都市,以此为基础,上海未来城市发展的升级版就是走向"全球城市"(全球城市尚无统一界定,限于篇幅不作讨论,以表 1.3 形式给出了全球城市的经典衡量)。到 2030 年,中国对全球经济的影响有可能接近英美各自在 1870 年和 1945 年时的程度(世界银行和国务院发展研究中心,2013)。给出一个直观的类比,上海应该至少与彼时的伦敦和纽约的全球影响力类似。同时,建成"世界最大城市群的首位城市"才称得上与中国大国地位相适应。据联合国的估测,中国的城市化率 2050 年将达到 72.9%,随着全球化程度的加深,中国绝大多数城市将融入全球城市网络。为代表和体现国家战略,上海应以建设多元功能性全球网络连通的全球城市为目标取向,不仅在"一带一路"战略构造的网络且在整个世界体系中起决定性节点作用。

表 1.3　全球城市与上海

代　表　性　观　点	出　　处
七项衡量标准:主要的金融中心、跨国公司总部所在地、国际性机构的集中地、第三产业的高度增长、主要制造业中心(具有国际意义的加工工业等)、世界交通的重要枢纽(尤指港口与国际航空港)、一定规模的人口	Fridmann(1986)
四特征:高度集中化的世界经济控制中心,金融及专业服务业的主要所在地,包括创新生产在内的主导产业的生产场所,作为产品和创新的市场	Sassen(1991)
城市功能视角的三项判别标准:(1)跨国商务活动,入驻城市的世界500强企业数量衡量;(2)国际事务,入驻城市的国际组织和非政府组织衡量;(3)集聚度,城市在母国的首位度体现	Knox(1995)
上海崛起成为全球城市的现实基础分析框架八大领域:全球化、信息化、网络节点、流量经济、产业基础、空间布局、发展环境、国际影响力	周振华、陶纪明等(2015)

资料来源:作者根据文献整理。

3. "一带一路"战略下上海定位选择的合理逻辑

"一带一路"战略总体以网络思维构想和布局,强调联通性、节点城市的重要性,顺应了全球网络化、全球治理结构扁平化等发展趋势。上海提出建设全球城市定位有力策应和服务"一带一路"战略,既基于国内外发展格局变化趋势前瞻性判断,又结合了上海的现实基础及发展优势,是逻辑合理且现实可行的选择。

首先,世界重心东移,亚洲地区引领世界的世界格局变化趋势日益明显,同时,竞争主体逐渐由国家尺度转向城市、城市群尺度,全球城市网络体系中的节点城市作用凸显。随着"一带一路"战略逐步推进,中国将快速崛起,中国及沿线国家和地区网络联通性增强。亚洲地区特别是中国将有更多城市,典型如上海,融入全球城市网络,在"一带一路"战略构建网络中及世界体系中发挥重要节点作用。每个国家也需要这样一批全球城市体现国家意志,服务国家战略,参与新形势下的竞争与合作。上海应具备对人流、物流、资金流、信息流、技术流等全球经济资源的控制力和影响力。

其次,上海具有全球城市的内在基因和现实基础,为全球城市网络时代体现国家意愿和意志,服务"一带一路"战略提供了良好条件和领先优势。譬如,上海对外开放的历史积淀、通江大海、内外广泛的门户优势、东西文明交汇相融的积累为上海崛起成为全球城市提供了较高的起点,特别是,近年来在全球化参与、优化空间布局、重塑产业基础、提升国际影响方面取得了很大进步。

再次,长三角城市群逐渐为形成以上海为核心的全球城市区域提供了强有力的腹地支撑。历史经验表明,一个全球城市的崛起必然有一个高度国际化和网络化的全球城市区域支撑。比如,全球城市纽约、伦敦和东京的腹地都属于目前世界上著名的五大全球城市区域。国内目前对于城市群的分类、识别及数量有不同看法,但唯有长三角全球城市区域初露雏形,为上海提供了成长为全球城市的城市区域空间。

同时,一批国际性和区域性组织、机构,如包括上合组织、金砖国家开发银行选址上海,为上海代表国家参与全球治理,协调国际事务奠定了基础。大量跨国公司总部集聚上海,提升了上海全球资源配置的能力。新华—道琼斯指数从2010 年至今,连续 5 年将上海排名为第一的最具成长性的金融中心城市。这些都体现了上海发展成为弗里德曼所提出的"全球金融节点"和"跨国节点"性全球城市的潜力。

1.2　战略意义

改革开放 30 多年来,我国对外开放取得了举世瞩目的伟大成就,但受地理区位、资源禀赋、发展基础等因素影响,对外开放总体呈现东快西慢、海强陆弱格局。"一带一路"将构筑新一轮对外开放的"一体两翼",在提升向东开放水平的同时加快向西开放步伐,助推内陆沿边地区由对外开放的边缘迈向前沿。遵循和平合作、开放包容、互学互鉴、互利共赢的丝路精神,中国与沿线各国在交通基础设施、贸易与投资、能源合作、区域一体化、人民币国际化等领域深度合作。

1.2.1　历史回顾

不同于国内多数城市,上海发展的历史轨迹和上海城市定位选择问题需置于全球化背景和国家总体战略布局中去认识和解读。同时,这也是本书接下来讨论上海服务"一带一路"国家战略定位选择的逻辑起点。

表 1.4 中国对外开放格局与上海定位演变

全球化 1.0		全球化 2.0			全球化 3.0	
首次进入全球化	发展脱离全球化	再次进入全球化			参与引领全球化	
1842	1949	1978	1990	2001	2013	2015
上海开埠	新中国成立	改革开放	浦东开发开放	中国入世	上海自贸试验区	"一带一路"倡议实质性推动

回顾历史,自 1842 年正式开埠以来,上海城市发展可划分为四个不同历史时期(表 1.4),其间我国对外开放战略格局不断变化,上海城市定位和城市功能经历多次调整。具体看,第一个阶段为"进入全球化"(1842—1949 年),开埠以后的上海被迫嵌入 16 世纪地理大发现以来由欧洲主导的西方世界体系,在国内最早开启了城市近代化和工业化,依靠港口逐渐成长为商贸发达的远东经济中心。第二个阶段为"脱离全球化"(1949—1977 年),这一时期,中国对外开放受到西方国家的战略遏制、经济封锁,对内百废待兴的新中国政府提出"以农业为基础、工业为主导"的发展方针并且实行计划体制。国内外两组环境共同作用下,上海转变为"以工业为主、商业为辅"的工商业城市(周振华等,2010)。第三个阶段为"再次进入全球化"(1978—2010 年),1978 年以来我国改革开放点、线、面渐进推开,并于 2001 年成功"入世",创造了增长"奇迹"。第四个阶段为"参与全球化"(2010 年至今),上海以浦东开发开放为重要历史节点,快速实现计划体制向市场体制转轨,由全国最大的综合性工业基地向复合功能的经济中心城市转型。2010 年上海世博会向世界集中展示了上海作为大国中心城市的国内外影响力。以 2013 年国家批准上海建设自由贸易试验区为标志,上海发展步入先行先试,探索引领开放型经济体系建设,服务国家"一带一路"战略的新阶段。

通过与世界联系的紧密程度看,上海城市发展的轨迹可勾勒出"首次全球化—发展脱离全球化—再次全球化—参与引领全球化"历史变迁过程,与此相应,城市功能定位经历着"远东经济中心—国内工商中心—全国经济中心—迈向全球城市"

的动态演变。

1.2.2 研究综述

第一,关于"一带一路"战略的基础与战略定位。何茂春和张冀兵(2013)认为在新技术条件下,丝绸之路具备复兴的客观条件。吴敬东(2014)认为"一带一路"大大缩短了中国与西欧的距离,为中欧在基础设施建设与和平安全问题上展开合作提供了更便捷的道路。申现杰和肖金成(2014)指出,从对外开放格局来看,西部地区受地理区位、禀赋、发展基础等因素影响,与东部地区相比仍有很大差距,通过"一带一路"建设,可以优化区域开放格局,扩大对外开放创造新的条件,可以构建全方位的对外开放新格局和国际合作新架构,同时以应对 TPP 和 TTIP 所带来的挑战。韩永辉和邹建华(2014)指出中国与西亚双边进出口的规模迅速扩大,需要深化与西亚国家的工业制成品贸易与能源贸易的合作。第二,关于"一带一路"的发展路径方面。申现杰和肖金成(2014)提出要提升我国的基础设施互联互通水平,进一步放宽"一带一路"沿线国家和地区外资对华的投资准入,进一步发挥人民币国际化对贸易和投资便利化的促进作用。此外,还要与"一带一路"沿线及周边国家和地区构建高标准的自由贸易区网络,实施高标准的开放性政策,建设全面性的制度安排。在与各国的合作上,要立足重点领域,结合共同的利益点,以寻求"一带一路"建设的突破。韩永辉和邹建华(2014)认为要加快与西亚地区海陆交通设施的互联互通建设。第三,关于"一带一路"存在的问题。贾庆国(2014)认为建设"一带一路"面临以下问题。首先,向西、向南建设丝绸之路经济带效益的论证有待深入。向西开放,路途遥远,沿途很多地区地理条件恶劣,人口稀少,而且沿途很多都为发展中国家,生活水平低下,国内基础设施极端落后,市场规模比较小。其次,向西开放涉及的地缘政治问题缺少论证。很多国家对"一带一路"持观望状态。再次,向东发展"海上丝绸之路"的经济带也面临不少问题和挑战。比如在南海和东海海洋权益争端等问题。

与此同时,"一带一路"战略的提出引起了全球范围的广泛关注和国际智库的研究评论。国际智库专家褒贬不一的态度,总体可分为积极、中性和消极三类。第一,积极方面,主要是以德国为代表的国际智库,他们大多对中国"一带一路"战略构想持积极肯定的评价,认为"一带一路"战略构想的出台是中国面对以美国、俄罗斯为代表的大国外交做出的积极应对,是中国针对美国"重返亚太"政策而做出的反应,是中国应对 2011 年美国提出的"新丝绸之路战略"的举措。第二,中性方面,主要是以俄罗斯为代表的国际智库,他们认为,中国不断地加强"外交投资",为横贯欧亚的"丝绸之路经济带"以及非洲和拉丁美洲的市场投资创造了良好环境。第三,消极方面,主要表现为对亚投行内部管理能力与透明度的担忧和怀疑。一方面,多数派认为亚投行肯定会存在现有国际金融机构同样的问题,如官僚主义严重导致效率低下、准入标准过高导致实际效用不足、项目诚信评估系统不完善导致腐败多发。另一方面,少数派认为中国对于国内机制体制问题还不具备足够的应对能力,更无法建设一个完善的国际金融体制。

1.2.3 对上海发展的意义

上海既是"一带一路"和长江经济带的交汇点和我国江海航运的原点,又是中国自由贸易试验区制度创新推广的龙头,以及亚太经济圈创新与投资的引擎。目前,上海已带动"两带一路"区域发展进入新阶段。未来 30 年,上海将向成为具有全球意义、拥有自身独特优势、具备引领和借鉴意义的全球城市。上海参与建设"一带一路"国家战略拓展发展空间具有深刻而伟大的战略意义,具体表现为以下几个方面。

第一,上海可以借此良机找到自己在国际、国内、长三角地区和上海地区 4 个层次的定位和发展机会。上海城市定位选择受其独特的政治经济地位影响,体现了国家战略导向下的中央与地方互动关系。特别是 1949 年以后,上海服务于国家发展大计,先后有力策应了全国工业化建设紧迫任务和渐进改革开放的时序节奏及空间布局,为国家稳定和发展做出了重要贡献。与此同时,上海蕴含着类似于纽约、伦敦、东京等国际顶级城市所独有的自然禀赋条件和发展潜力,城市定位的演变伴随着"城市基因"演化,两者在同一历史过程中交互影响。服务国家总体战略的使命和大城市基因及其成长规律两者共同作用,解释了不同历史时期全球化进程中,发展速度有快有慢、先后发挥后卫保障和先锋引领作用、城市功能定位不断调整而"中心城市"地位贯穿始终等一系列上海发展演变的特征事实。

第二,有利于加速长江经济带发展与"一带一路"发展战略对接。上海在长江经济带与"一带一路"战略对接中的龙头地位非常重要,能够利用其独特优势主动争取实现两者对接的机制建设以及优惠政策等方面的国家支持,积极搭建起长江经济带发展与"一带一路"发展的合作机制与合作平台。一是积极推进区域合作机制建设,打造包涵上海合作组织、亚信会议、中国东盟自由贸易区等载体的多层次、全方位合作体系。二是积极参与次区域合作机制的活动,如中俄哈蒙四国六方机制、湄公河流域机制、图们江合作机制等。三是积极参加我国其他省区与"一带一路"国家和地区间的重要机制与活动,如欧亚经济论坛、东北亚经济论坛等。四是研究设立能够承载长江经济带与"一带一路"战略对接的长效机制和常设机构,如国家级别的博览会或论坛等。

第三,通过整合国内外、区内外资源,能够促进亚欧非地区物畅其流、人畅其通,构建统一高效的区域大市场和区域合作体系。上海在对接"一带一路"国家战略中必须主动服务、有所作为。一要将"一带一路"建设与区域开发结合起来,建设产业转移示范区;加强参与亚欧大陆桥、陆海口岸支点建设;推进长江经济带建设,有序开工黄金水道治理,沿江码头口岸等重大项目,加快综合交通枢纽和网络等建设,构筑综合立体大通道。二要促进"一带一路"国家战略与上海四个中心、科创中心和自贸试验区建设联动。发挥上海的经济中心优势、航运枢纽优势、金融集聚优势、贸易融汇优势和科创引导优势,促进上海与沿线国家和地区物流、资金流、人流、信息流畅通高效,构建亚太合作示范区,形成对外开放的新格局。三要通过对接"一带一路"国家战略,构建上海先导开放、创新发展的新载体、打造好服务长三角、服务长江流域、服务全国的新平台,形成在"一带一路"国家战略中对外开放的新枢纽。

1.3　上海服务"一带一路"国家战略的推进路径

服务"一带一路"国家战略,上海要以开放促改革,创新促发展驱动城市转型,发挥"四个中心"建设作用和预期优势,瞄准全球城市定位,致力于打造对外开放新格局的"高地"和开放新体制的"标杆",着力提升金融、贸易、交通、科技创新、文化等特色节点功能和综合平台作用。做到强联通、软联通与人联通一体化发展(见图1.2)。

硬联通	软联通	人联通
金砖银行，人民币定价与交易中心	自贸区试点、国际化水平	全球城市品牌、公共活动中心
交通、通讯基础设施；海陆空一体化	规章制度、全球治理、企业走出去	人员流动、人才汇集、文化融汇引领

图 1.2　上海服务"一带一路"国家战略

1.3.1　资本核心与金融先行

金融先行,着力打造全球金融治理中心和资本控制中心。"一带一路"战略标志着中国对外开放新格局拉开大幕,预示着中国将深度介入并争取全球治理制度性权力。自贸试验区以及金砖银行落户上海,表明上海正成为中国开展全球治理的重要基地。对此,上海应牢牢抓住人民币国际化的历史性机遇,充分依托金砖银行、自贸区溢出带动作用和先行先试优势,以吸引开发性多边金融机构集聚作为促进全球互联互通、提升全球治理能力和资源配置能力的重要切入点,吸引金砖国家、亚太自贸区以及"一带一路"等区域和国际性投融资机构等全球性治理机构入驻,率先建设升级成为国际金融治理中心和全球资本控制中心,推动实现从"金融交易""金融管理"向"全球金融治理"的重大创新和历史突破。依托多边开发性金融上升到新的高度,推动以我国为中心和上海为基地的亚洲互联互通网络建设,从而通过金融治理在促进构建开放型经济新体制上发挥标杆作用。

1.3.2　接轨国际与助力企业

接轨国际,着力打造助力中国企业"走出去"的战略堡垒。"看着世界地图做企业,沿着'一带一路'走出去"将是中国企业未来发展的新常态。同时,从服务国家战略出发,在基础设施互联互通的基础上,必须要有中国的本土跨国企业密切跟进,加快"走出去"步伐,从而更好承接基础设施投资建设的溢出效应和成果。"一带一路"大多沿线国家尚处在工业化初期阶段,处于产业链相对高点的中国企业也迎来千载难逢的历史性机遇。上海全球治理能力的提升也必然会推动跨国企业总部和国际性组织从"在上海为中国"加速向"在上海为全球"转变。依托自贸区国家试验,聚焦构建接轨国际化、法治化营商环境,在为企业跨境资本流通提供便利,为企业拓宽走出去融资渠道以及加强并购融资工具创新,为企业提供良好的汇率风险管理工具,为企业提供更好的现金支持等方面做好支撑,着眼于政府、市场、创新、社会、文化等多方面元素的精心打造,共同探索未来的制度突破,为中国企业"走出去"创造良好的发展模式,吸引中国致力于布局金砖国家和"一带一路"国家的交通、能源、制造等企业集聚,搭建中国企业开展境外投资和成长为世界企业的重要孵化、融资、交流、推广平台,成为提高中国企业、中国品牌国际认知度和美誉度的战略桥头堡。同时,上海应发挥人才、制度、管理优势,积极探索建立区域外贸协调工作机制。

1.3.3　夯实产业与整合资源

抓住"一带一路"沿线与中国产业转移和产业结构调整契机,上海要夯实产业基础,深化产能合作。一是上海产业优势与"一带一路"沿线需求相结合,巩固提升高科技产业、先进制造业和现代服务业,综合考虑"一带一路"当地的需求、劳工、环保等要求,整合形成合理有序分工、产业链条清晰差异化发展的区域产业体系,创造互利共赢的产业格局。二是构建"一带一路"资源整合体系,实现与"一带一路"沿线众多省区和国家在资源能源供需和上中下游产业链之间的协调,形成产业互补、投资相互依赖的互嵌式格局。三是以重大项目合作为切入点,梳理推进一批重大投资合作项目,推动国际投资＋工程、PPP、BOT、BT 等创新投资模式,鼓励建设一批境外经贸合作区和产业园区。四是建设具有全球影响力的科创中心,打造科学研究和知识创新的高地,引领创新发展和产业升级。

1.3.4 扩大贸易与规则建设

一是顺应贸易与投资相互融合与促进的新趋势,把贸易与投资有机结合起来,推动贸易与投资的良性互动。二是建议设立上海"一带一路"地区贸易投资促进会,鼓励和引导双向投资,进一步发挥投资促进出口的作用。三是搭建贸易合作的多机制、多层次平台。推进上海合作组织、亚信会议、中国东盟自由贸易区、APEC、金砖国家等区域合作机制建设,积极参与中国—亚欧博览会、欧亚经济论坛、东北亚经济论坛、东南亚区域论坛、陇海兰新经济促进会、广交会等展会展销活动,通过战略对话论坛、承办会议、提供智力支持等等方式提升上海的国际地位。四是推动区域标准一致化建设,建设统一大市场。上海应发挥在国内和"一带一路"区域标准化建设的标杆优势,利用上海自贸试验区、科创中心建设的多项试点和政策,推动"一带一路"区域的标准一致化建设,打破国家间和省际的标准、规则壁垒,建设统一大市场。从国际标准和规则的追随者和学习者向国际标准和规则的制定者和主导者转变。五是实施贸易合作的"引进来"和"走出去"战略,大力引进和培育国内外知名和有潜力的电子商务企业,吸引世界众多各具特色、规模和服务质量一流的电子商务企业落户上海,构建起"一带一路"最具规模、服务质量最好的电子商务平台,同时积极助推企业"走出去"。六是将贸易合作的成功经验由"局部"推向"全局",推广上海在打造"一带一路"局部区域的贸易合作结点方面的成功经验。通过以上海为龙头的长江经济带与"一带一路"的对接引领和释放合作潜力,加快亚欧大陆经济一体化进程。

1.3.5 做强枢纽与联动能级

做强枢纽,着力提升海陆空联动能级,打造国际航运中心升级版做强枢纽。"海陆空"并进,全面提升上海枢纽能级。重点加快国际航运中心升级版建设,推进航运服务业转型升级,依托"一带一路",对接长江经济带,推进建设连接长三角主要沿海港区的高等级航道网络,营造具有国际竞争力的航运发展环境,促进各类航运市场主体充分发挥作用,联动完善提升四通八达的高速公路、轨道交通、高速铁路路网体系和站场功能。此外,适应新一轮科技革命和产业变革,继海运、河运、铁路、高速公路之后,航空运输正在成为影响新一轮全球经济发展和分工格局的"第五冲击波"(卡萨达,2013)。"十三五"期间,上海无论是加快实施自贸试验区和"一带一路"国家战略,还是促进航运服务业转型升级、深化国际航运中心建设,都要充分重视"第五冲击波"所带来的新变化新要求,特别是要强化航空航运对提升上海国际航运中心能级地位的引领作用,强化上海国际航空枢纽功能,加快建设国际航空大都市。未来国际化大型枢纽机场及其周边区域,依靠通达的全球航空网络与世界各国相连,汇聚各类优势资源和高端要素,将逐渐成为国家或城市对外开放的新窗口和融入全球网络体系的新节点,成为未来增强城市全球核心竞争力的首发地区。

1.3.6　文化聚势与融汇引领

文化聚势,着力提升上海全球文化融汇引领功能。实施"一带一路"战略构想,推进文化先行,可以发挥事倍功半的融汇引领作用。"一带一路"上有几十个国家、数十亿人口,文明形态、文化风格多有不同,深化与沿线国家的文化交流和合作,特别要发挥上海全球城市文化发展的功能。未来全球城市将是全球的文化中心,"一方面把好的文明价值内化进中国文化,一方面把中国文化提升到普世层面,接受普世价值的考验"(许纪霖,2015)应当成为上海的重要使命。自 1843 年开埠以来,上海的文化身份就成为一种异质文化交织之下的复合体。积极融入"一带一路",上海可充分把握人类社会从工业文明向城市文明转变的历史性机遇,着力打造成为东西方文化交汇的中心节点、城市文明发展潮流的引导者以及新的全球文化艺术教育之都,提升上海城市的魅力和软实力,吸纳"一带一路"上诸多国家的人才、企业汇聚上海。

第 2 章
上海服务"一带一路"战略的金融视角

2014 年 12 月中央经济工作会议将已实施的"一带一路"战略上升为国家战略,并成为我国未来构建开放型经济新体制的重要支撑。在"一带一路"国家战略格局下,上海作为改革开放的排头兵,中国经济发展的龙头老大,被赋予了特殊使命。2014 年 8 月,习近平主席就明确提出按照国家统一规划、统一部署,参与"丝绸之路经济带"和"海上丝绸之路"建设,推动长江经济带建设,是上海在"十三五"期间,在国家大战略下的新使命(郭泉真等,2014)。在上海建设全球城市的过程中,尤其是在建设国际金融中心的过程中,怎样和"一带一路"战略有机地结合起来,是本章主要讨论的问题。

2.1 "一带一路"战略对上海金融产业发展的影响

"全球金融中心指数"(GFCI)主要依据商务环境、金融部门发展、基础设施、人力资本和声誉等因素,列出全球重要的金融中心。根据第十七期"全球金融中心指数"(GFCI)公布的数据,排名前三的城市分别是纽约、伦敦和香港(马建芳等,2015)。内地排名最高的城市是上海,排名 16。从上海建设全球城市的角度来看,将上海建设成为全球金融中心势在必行。此外,中央政府正在推行"一带一路"国家战略。"一带一路"战略的推行标志着我国的战略发展中心将由东部转向东西并举。这也意味着中国在继续向传统发达国家开放的同时,将更加注重对其他发展中国家和正在转型的经济体开放。上海作为"一带一路"的首位城市,应把握住这一难得的机遇,以金融开放为核心,以基础设施建设为支撑,以人文交流为纽带,在推进"一带一路"建设的同时,加快将上海建设成为全球金融中心的步伐。

2.1.1　上海金融业发展所面临的风险

1. 地缘差异

"一带一路"建设与以上海为龙头的长江经济带建设对接,不同的地缘空间被联结起来。根据有关统计数据,长江经济带拥有中国约一半的人口、资源和经济总量。而"一带一路"将欧洲和亚洲相连,共拥有约一半的世界人口、资源和经济总量。这两个"一半"相聚于上海,上海因此享受到了巨大的腹地优势。最明显的就是,上海"四个中心"建设和自贸试验区建设可以从这个巨大的腹地中获得必要的自然资源、市场资源、政策资源。但是由于地缘差异,以上地区存在巨大的差异,比如经济发展水平、政治制度、宗教信仰等。而作为中国经济发展"排头兵"和"领头羊"的上海,怎样克服地缘差异,利用腹地优势,在发展上海金融业的同时,配合中央政府推行"一带一路"国家战略,将是需要面对的一个重要课题。

2. 金融产品种类单一

"十二五"时期,上海的目标是建设成为"国际金融中心",到了"十三五",上海的目标转变成了建设成为"全球金融中心"。这一变化对上海建设金融中心提出了更高的要求。上海作为我国的金融中心,聚集了各类金融机构和交易场所。但是与传统的国际金融中心相比,上海仍然有很长一段路要走。真正意义上的金融中心是高水平金融功能和金融服务的集聚区,这一区域的载体通常是一座城市也可能是城市内部的次级区域(如纽约的华尔街和伦敦的金融城),但区域内专业化的金融服务覆盖的范围则涉及全国各地乃至全球。因此金融机构的集聚通常有两个显著的特点:其一,专业化的金融服务通常以经济规模较大的城市为载体(如伦敦、纽约和东京等)。其二,随着时间的推移,国际性金融中心的地位却具有相对稳定性。例如尽管英国经济在世界的排名相对下降,但作为现代首个国际金融中心的伦敦,仍然保持着全球金融中心地位。与以上金融中心的两个特点相对照,上海基本符合。上海常住人口超过 2 500 万,历史文化底蕴丰厚,经济发展水平也一直稳坐中国经济发展水平的头把交椅。近年来,上海的经济发展对亚洲经济乃至世界经济都有着举足轻重的影响。但是上海在金融市场的机制和功能方面存在的不足也是不容忽视的,比如,金融市场工具体系不完备。因此,上海要想成为国际金融中心,需要建设成为包括国际资本在内的所有资金融通和流动的平台,但金融市场工具的不完备是阻碍资金进入市场的重要原因之一。因此,上海必须加快人民币产品市场建设、拓展金融市场开放度、提升金融机构体系活力、优化金融中心发展环境。当前,中国政府正在推行"一带一路"国家战略,在这个背景下,上海作为未来的国际金融中心,拥有广阔的发挥空间。但是,在达成这个目标之前,上海还有很多工作要做。例如,加快推进金融市场开放,加快推动人民币国际化,吸引并带动"一带一路"沿线国家金融机构集聚,支持境外机构在上海金融市场发行人民币债券,推动建立亚洲债券发行、交易和流通平台等。

3. 金融体系不完备

上海是我国金融市场最为集中的城市,全国银行间同业拆借、债券交易、外汇交易、黄金交易市场均设在上海,由同业拆借市场、银行间债券市场和票据市场等组成的货币市场,由债券市场和股票市场等组成的资本市场以及外汇市场、黄金市场、期货市场等均已经建立并形成一定规模,其中证券市场、商品期货市场是全国规模最大、辐射力最强的市场(岳松,2014)。综上,可以看出上海已经基本形成了一个金融中心所需的体系,并且已经行使了作为国内金融中心应该行使的功能。不难发现,与成熟的金融体系相比,上海现有的金融体系仍然不够完备。要想构建一个完备的金融体系,上海应该积极引进多边金融机构和国际金融组织来沪发展,实现传统机构体系、多边金融机构体系和新金融机构体系联动发展。此外,在推行"一带一路"战略的背景下,上海可以吸引并引进"一带一路"沿线国家金融机构和金融组织。

4. 配套设施有待完备

金融设施完善、经济活动频繁、相关法律法规体系完备,以及充足的专业人才储备都是形成金融中心必不可少的外部条件。而上海对各类金融资源具有很强的吸引力,国内金融机构、金融资产、金融人才大多集聚于上海,各类信用卡中心、票据营业部、证券交易中心的总部也大多设在上海。最后,国家日益强大的经济实力和日趋完善的金融体系也是上海日后成为国际金融中心强大的支撑力量。与中国其他城市相比,上海在金融业的配套设施上有很大的优势,但是与真正的国际金融中心相比,上海与他们仍然有很大的差距。

2.1.2　金融中心形成的空间集聚力和分散力

基于以上四点,我们以上海市为例,从经济地理学的角度探讨金融中心形成的空间集聚力和分散力。经济地理学早已认识到经济活动的地理区位代表了集聚(向心)与分散(离心)力量之间相互作用的结果。这些概念被归纳到"新经济地理学"的范畴,其中,Krugman(1991,1995)的工作成果,为分析金融中心的形成及发展提供了思路。形成金融中心的集聚力和分散力却存在着不同的表现,表 2.1 总结了促进金融中心形成的空间集聚力和分散力。

表 2.1　金融中心形成的空间集聚力和分散力

集聚力	分散力
劳动力市场外部效应	城市的运营成本
对中介服务的需求	
技术的外溢	中心的拥挤成本
信息外部经济性	
社会文化影响	跨时区协作成本
经济管理制度	

从表 2.1 可以看出,促成金融中心形成的力量有以下六个,分别是"劳动力市场外部效应"、"对中介服务的需求"、"技术的外溢"、"信息外部经济性"、"社会文化影响"和"经济管理制度"。

1. 促使金融企业空间集聚的力量

第一种力量是"劳动力市场外部效应"。金融企业尤其依赖高水平人才,因此金融企业从当地大量劳动力储备中获利,这意味着金融企业在面对一众求职者的时候将会有更多的选择,从而更快地填补职位空缺、优化员工质量(Marshall,1993)。正如 Krugman(1991)所说,劳动力市场外部效应不仅从劳动力需求者即金融企业的角度,也从劳动力供给者即员工的角度促进了集聚。员工在"稠密市场"上凭借服务和越来越专业化的技术获得利益。上海是中国金融机构聚集密度最高的城市,金融行业氛围最为浓厚。在中国,一提到金融,人们的第一反应就是陆家嘴。基于陆家嘴坐落于上海这一地域优势,上海对金融人才的吸引力是不言而喻的。日前,《上海市城市总体规划(2015—2040)纲要》概要首次提出,"以陆家嘴金融城—外滩金融集聚带为核心,沿延安西路—世纪大道和黄浦江两条现代服务业发展轴"将陆家嘴金融城和沿黄浦江金融聚集区联动发展。无独有偶,人才问题同样是"一带一路"沿线国家需要重点关注的问题。马来西亚交通部长廖中莱在2015年博鳌亚洲论坛发言时提出"人才因素是'一带一路'建设成功的关键。东盟国家拥有大量的青年群体,他们的创造性和创新性思维成为'一带一路'建设的重要优势"(BFA Research & Training Institute,2015)。可以说,"一带一路"战略所涵盖的建设内容,包括基础设施、技术、资本、货币、贸易、文化、政策、民族、宗教,无一不需要具有高等教育背景的人才支撑。因此,在"一带一路"的大背景下,上海建设全球城市,需要引进的人才不再仅仅是局限于国内人才或者是海外华人华侨,而是需要扩展到"一带一路"沿线。同时,上海作为中国最开放的城市,在接纳"一带一路"沿线国家和地区的人才的同时,也让他们有了一个了解上海、了解中国的机会。这样,当他们回到自己故乡的时候,就有机会成为当地群众了解上海、了解中国的桥梁。在潜移默化中,加强了上海在"一带一路"沿线各国的影响力。

第二种力量是对"中介服务"的需求。金融企业是专业化的服务供给者,从先进的通信硬件和软件到复杂的法律咨询都包括在这些专业化的生产性服务范围之内。通过选址时靠近上述服务来源,金融企业可以享受到更好的服务和更低的价格;更重要的是,及时的服务有利于金融企业把握获利机会。上海要发展成为全球城市,特别是从建设国际金融中心的角度出发,构建一个完备的金融体系是不可或缺的。在这个体系中不仅需要像银行、证券公司、期货公司、保险公司这样的金融服务机构,也需要律师事务所、会计师事务所这样的中介服务结构。根据现状,上海在这方面不存在缺陷。但是如果要参与到"一带一路"的建设中去,还是存在不足。因为"一带一路"沿线经过众多国家和地区,而这些国家和地区在地理、民族、历史、文化、宗教、政治差异极大,国情民意极为复杂。而以往上海与这些国家或地区的交易经验有限,远远达不到"一带一路"发展的需求。所以,为了满足"一带一路"的发展需求,相关的中介服务机构应该在这些方面多做功课,弥补中介服务针对"一带一路"相关业务经验不足的缺陷。当然,政府的力量也是不容忽视的,比如政府可以制定相关政策,为这些中介机构引进熟悉相关业务的人才。同时,在面对一些与"一带一路"相关业务时,鼓励具有相关资质的中介服务机构参与其中,通过这种实战演练,积累更多的业务经验。总之,只有拥有了一批对国内市场以及"一带一路"沿线市场了如指掌的中介机构,上海才能更好地加入到"一带一路"的建设中去,并发挥更多的正效应。

第三种力量是"技术外溢"效应。对于一个依赖技术创新的行业,本地化的企业知识外溢利于企业的空间集聚。而在金融行业中,本地化的金融产品创新则是促进金融企业集聚的动力。一直以来,上海都是中国公认的金融中心,金融发展的最尖端,代表了内地金融发展的最高水平。但是因为我国金融业整体起步较晚,上海要想成为国际金融中心,依旧任重道远。根据"技术外溢"效应,上海的金融业要想进入一个新的阶段,本土金融产品创新是一个重要的突破口。例如,地方的衍生产品创新或项目融资方案会在空间集聚的金融企业间迅速扩散。结合"一带一路"的建设,如果上海的企业要到"一带一路"沿线的国家承揽项目,但是存在资金缺口,进行项目融资创新也许可以解决资金问题。这样,不仅可以解决项目融资问题,还倒逼出了金融创新!

第四是信息正外部效应。金融企业通过比其他市场参与者更高效(更快速更准确)地加工信息而获得收益,最大限度地获取信息流质量和及时性能够提高公司的利润。在网络时代,信息的传播速度用光速来形容都不为过。特别是金融行业,谁最先获得信息,谁就是最后的王者。从信息的传播速度来看,上海要想成为全球城市,必须加快网络建设,向拥有一流网络传播速度的城市看齐。

第五是社会文化影响。社会文化因素在金融中心的形成与发展过程中扮演了重要的角色。金融市场参与者的行为规范及其信用和名誉,对于金融机构的交易和运作至关重要。这些规范和习惯的建立有利于促进金融活动的空间集聚。上海是中国最开放也是现代化程度最高的城市,所以从这些角度来看,上海的形象在外国人的眼里一定意义上代表了中国的形象。所以在"一带一路"的大背景下,上海有责任也有义务营造一个完善的投资环境,在吸引外商来上海投资的同时,也为中国其他城市吸引投资带来了示范效应。例如,良好的社会信用文化可有效地提高金融中心的运营效率,并且成为金融中心的"嵌入性"制度基础。

第六是优越的管理制度。拥有低税率、自由贸易和自由准入机会等优势的离岸金融中心(Offshore Financial Center,OFC)的崛起十分重要。上海也可以以此为模板,大胆推行相关的优惠政策,进行制度创新,合理利用上海这块优良的实验田,提出更多更优越的管理制度,在造福上海投资环境的同时,也为以后在其他地区推行类似政策构建一个扎实的基础。

2. 促使金融企业空间分散的力量

促使金融企业空间分散的力量有以下三个,分别是"金融中心高昂的运营成本"、"大型城市中心的拥挤成本"、"地区时间差的协作成本"。

第一,金融中心高昂的运营成本。地处金融中心的金融企业的办公空间往往需要高昂的费用,金融从业者为应付高昂的生活成本就需要高昂的薪酬。因此最近几年,附加价值相对较低的"后台"金融服务被越来越多地分散到城市的副中心区域。上海的地价可谓是寸土寸金,特别是一些核心地段。这对那些想在上海租办公室的金融企业来说,是一笔巨大的费用,此外高昂的用人成本也是不少企业的隐痛。怎么为这些企业解决高昂的运营成本是上海政府需要考虑的一个问题。针对这个问题,政府方面已经尝试过一些举措。例如,对一些高科技企业,有减税的优惠政策。此外,在一些政府扶持的项目上,相关企业能够以较低的成本获得项目资金。在"一带一路"大背景下,上海在降低企业运营成本方面,应该身先士卒,推行有运行意义的举措。从长远的角度来说,如果这些举措能够在上海运营成功,不仅可向周边城市进行辐射,还可在"一带一路"的沿线地区进行推广。

第二,大型城市中心的拥挤成本。大城市生活的不便利使其必须比其他更具吸引力的城市多支付工资以补偿工资差别。拥挤成本同样也是像上海这样的特大型城市完全无法忽视的问题。在早晚上班的高峰期,各大高架拥堵不堪,通往各大商圈的地铁也是人满为患。以上海的金融业为例,金融机构集聚于陆家嘴,但是陆家嘴附近的房价,让众多陆家嘴的上班族望而却步,所以他们为了能够以一个相对便宜的价格租到房子,不得不在离上班地点较远的地方租住。这样一来,每天上下班就像一个考验个人体力、耐力的马拉松比赛。所以,应聘者在选择公司的时候,在同等情况下,他们往往会选择离住所相对较近的公司。而较远的公司为了吸引人才,就不得不提出更高的薪资。这多出来的薪资就是大型城市中心的拥挤成本。这种成本的出现,不仅提高了单位的用人成本,也让应聘者苦不堪言。因为应聘者在获得更高薪资的同时,也就意味着每天要耗费更多的时间在上下班的路上,牺牲了自己休息和学习的时间,从某种意义上来说,也会降低工作效率。在"一带一路"的大背景下,上海政府可以鼓励相关企业把一些非核心的部门搬迁到"一带一路"沿线的地区去,这些地区的运营成本远远低于上海,而且因为带动了当地的生产力,可能还会享受一些优惠政策。这样一来,于企业自身而言,解决了因为拥挤成本造成的运营成本过高的问题;于"一带一路"沿线的国家和地区而言,提高了当地的就业率,活跃了市场,促进了当地的经济发展,可谓是一举两得。

第三,地区间时差的协作成本。不同地区的时间差导致了若干"沿经度方向分布"的金融中心,如东京、悉尼、香港、法兰克福、伦敦、纽约。这些城市的金融活动是在一个相互关联且 24 小时连续运作的市场中进行的(Harvey, 1989)。因为地理原因,不可能存在一个金融中心,可以一天 24 小时不断运行。现在中国推行"一带一路"战略,这个平台具有开放、包容、可延展的特征,其涵盖的地理范围广泛,包括中亚、西亚、南亚和东南亚,并伸展到了欧洲、非洲腹地。如果把这些地区联系起来,也可以打造一个 24 小时不间断运行的金融市场。但是有一个问题是没有办法忽视的,就是这些国家有些地区的经济发展水平严重不均衡,有的国家甚至很落后,完全满足不了建设一个完备金融市场的要求。所以要想建成一个完备的可以 24 小时运行的金融市场,首先要做的就是帮助那些经济落后的地区搞经济建设。从这一点出发,作为中国经济最发达的上海具有得天独厚的优势。比如,可以鼓励上海的本土企业到"一带一路"的沿线国家和地区进行投资,在帮助当地建设的同时,也带去了上海本土企业先进的技术水平和优越的管理理念。在拓展了企业版图的同时,也扩大了上海在"一带一路"沿线国家和地区的影响力。

特定时期内集聚力与分散力之间的平衡决定着金融机构的空间集聚。随着信息化水平的提高,信息传播中出现了两种反向的力量:一方面,标准化的金融信息(如股票价格)的获取成本降低,有利于在地域上分散企业的发展。这使即使远离金融中心的边远地区企业,也能够获得越来越多的信息,通信技术的快速发展似乎正在强化分散的力量。另一方面,随着空间距离的增加,非标准化信息传输的质量会大幅下降,这有利于在空间上的企业集聚。例如与外地公司相比较,本地公司拥有多种信息反馈渠道,它们能够更准确便捷地获取新信息的价值。上述现象也部分地解释了大多数国际银行在全球各地建立办事处的原因。综上所述,面对新的信息技术,尽管存在促使金融企业空间分散的力量,金融企业空间的集聚力量依然强大。正如 O'Brien(1992)所说,在现代金融业中,金融企业地理位置的重要性非但没有下降反而持续上升。综合金融中心形成的空间集聚力和分散力理论,上海可以把握住中央政府正在推行"一带一路"战略的契机,合理平衡集聚力和分散力之间的关系,将那些需要集聚的产业和要素集聚到上海,那些可以分散于其他区域的机构和产业分散到"一带一路"沿线。这样,突出了重点,使有限的资源得到了最大效率的使用。

2.1.3 促进上海金融业发展的建议

1. 丰富金融产品种类

基于 GFCI 指标,上海已经处于国际金融中心的前列,但是与纽约、伦敦这样的顶级国际金融中心相比仍有很大一段距离。顶级的国际金融中心具有一个共同的特点,就是具备金融产品生产、定价、清算的功能。上海国际金融中心的建设就是以人民币金融产品为突破口的,但是不可否认的是,虽然人民币国际化程度越来越高,但是人民币金融产品种类却相对较少,主要为股权类、债券类和衍生品类,特别是债券类和衍生品类产品存在品种少、等级低等一系列问题。此外,人民币产品还受到利率和汇率决定体制、资本项目开放、交易清算系统、人才、产品研发等多种因素的限制。

2. 加快人民币国际化

根据传统的国际金融中心的发展路径,上海可以利用在岸人民币产品中心和离岸金融市场共同驱动的方式来促进上海发展成为国际金融中心。打造全球人民币基准价格形成中心、资产定价中心和支付清算中心,提升人民币产品市场规模和影响力。加快人民币离岸中心建设,包括加快发展离岸金融业务,在做大做强离岸银行业务和期货保税交割等业务的基础上,逐步拓展离岸保险、离岸证券、离岸基金、离岸信托等离岸金融业务。此外,利用上海自贸试验区的先天优势,依托自贸试验区金融改革所建立的金融资产资金池和缓冲区,完善人民币回流机制。在风险可控的前提下,开放自由贸易账户功能,积极探索离岸市场与在岸市场衔接联动,创新面向国际的人民币金融产品,有序推进资本项目可自由兑换,深化扩大金融市场的开放度。将上海打造成全球人民币基准价格形成中心、资产定价中心和支付清算中心,提升人民币产品市场规模和影响力。

3. 国外机构"引进来",本土企业"走出去"

上海作为中国经济发展最好的城市,活跃着一些世界 500 强企业以及一大批优秀的本土企业。但是目前这些企业的发展规模与经营范围仍局限于国内甚至只是在江浙沪地区。上海要建设成为全球城市必然需要一批世界级企业的强力保障。上海本地企业要想继续发展壮大,就必须要立足本土放眼海外。因此,一方面,上海可以利用"一带一路"战略推行的契机,通过推行一系列产业和区域优惠政策,鼓励优秀的本土企业发挥技术和管理优势,实现向西扩张。利用自身成熟的技术和丰富的管理经验,参与到"一带一路"沿线国家投资发展战略或者参与到当地的项目中去。另一方面,部分产业因为同质性太强,造成产能过剩。在这种情况下,本土企业要想生存下去,就必须进行产业升级或者转型,而产品创新就成了这些企业的不二选择。只有不断的创新,本土企业才可能在这场产业升级战中成功突围。本土企业通过创新,不仅可以完成产业转型和升级,更是营造了一种创新的氛围,摆脱了之前仅仅依靠模仿甚至是为外国企业代工的发展路径。这些本土企业通过产业创新,在"走出去"的时候,面对其他同类型的企业,更加具有竞争力了。在完成以上两方面的改革之后,既解决了企业发展的瓶颈期问题,也扩大了上海在"一带一路"国家的影响力。与此同时,上海利用其相关的设施和平台吸引并配置、输送各类生产要素资源,提高上海对其他地区的经济辐射力和影响力(裴长洪等,2014)。吸引金砖国家、亚太自贸区以及"一带一路"等区域和国际性投融资机构、大型的跨国集团"走进来",在带来先进的技术和管理理念的同时,也活跃了市场,进而助力上海成为国际金融治理中心和全球资本控制中心,成为我国以金砖国家和"一带一路"为重点实现全方位互联互通和对外开放新格局的重要平台和窗口。实施"一带一路"战略的最终目的是对外开放,上海可以利用这个契机,推动总部经济发展,吸引跨国公司、研发中心、结算中心落户上海,让更多的国际金融机构落户申城,同时成为中国企业走出去的"跳板"。

2.2 “一带一路”促进上海推进人民币国际化

回顾老牌国际金融中心建成的过程,这些城市无不占据一定的地理优势。比如纽约,也许有人会说纽约是因为有华尔街,所以才可以成为国际金融中心,可是如果我们去研究纽约发展史时,你会发现纽约之所以后来会成为国际金融中心,与它优越的地理位置息息相关。早期的纽约,作为美国庞大贸易体系中的中枢城市,贸易的迅速发展带动了当时与之密切关联的金融业的发展。独立战争期间,华尔街成为美国为战争融资的重要场所(韩汉君等,2006)。1792 年,21 位经纪商在华尔街签署了《梧桐树协议》(Buttonwood Agreement),开设了股票交易所,并创造了证券交易佣金制度。1825 年,连接哈德逊河和五大湖区的伊利运河建成通航,以后又兴建了铁路,沟通了纽约同中西部的联系,促进了城市的大发展。到 19 世纪中叶,纽约逐渐成为美国最大的港口城市和集金融、贸易、旅游及文化艺术于一身的国际大都会。这牵引着纽约朝着成为金融中心迈进,尤其是南北战争之后,金融业成为发展最快、获得利润最多的产业。即使个别金融中心先天在地理位置上并没有占据太多优越,但是经过后天的改造,仍然能够成为金融中心。以美国另一个具有代表性的城市芝加哥为例,Cronon(1991)对美国芝加哥崛起的研究表明,尽管芝加哥坐落在缺乏自然地理优势的平原上,但它利用后天开发,让芝加哥成为美国中西部地区的交通枢纽,进而成为美国中西部市场的联结点。

上海地处长江入海口,东向东海,南濒杭州湾,与浙江、江苏毗邻,三个地区共同构成了我国最大的经济区“长江三角洲经济圈”。同时,在“一带一路”国家战略的背景下,上海还扮演着“一带一路”和长江经济带的交汇点这一角色。综上,可以看出上海具有相对优越的地理位置。所以、上海在“一带一路”战略中应该充分发挥自身优势,扮演好自己的角色,为“一带一路”国家战略的建设添砖加瓦。为了更好地促进“一带一路”的发展,同时达到发展人民币国际化的目的,上海可以从以下三点出发。

首先,参与“一带一路”沿线国家或地区的基础设施建设。有关数据显示,“一带一路"沿线总人口约 44 亿,经济总量约 21 万亿美元,分别约占全球的 63％ 和 29％。仅"丝绸之路"经济带囊括了中亚、南亚、西亚和欧洲的部分地区,连接亚洲和欧洲两大经济圈。该区域涵盖 50 多个国家和地区,人口总计 36.3 亿,占全球人口总量的 51.4％;2013 年各国 GDP 总计 19.7 万亿美元,占全世界 GDP 总额的 27％;与中国的贸易额为 5 138.3 亿美元,占同期中国对外贸易进出口总额的 12.4％,相当于中美贸易额的规模,是世界上最具发展潜力的经济带。目前已有 50 多个国家明确表示积极参与"一带一路"建设,21 个国家参与共建亚洲基础设施投资银行,同时筹建丝路基金,为推动合作创造重要前提条件。中国政府提出,将基础设施互联互通作为合作的突破口。一项研究显示,基础设施投资会产生"乘数效应",即每 1 美元基础设施投资就将拉动 3 至 4 美元其他产业投资的需求。如果在亚洲地区基础设施投资 10 亿美元的话,就能创造出 18 000 个就业机会。中国政府预测,未来 5 年,中国对外直接投资将超过 5 000 亿美元,这为欧亚地区国家的经济发展提供了巨大商机。与此同时,欧亚地区国家大多处于工业化进程之中,经济发展空间较大,相对于中美贸易,未来中国与欧亚地区国家经贸合作前景更为广阔。

以上是"一带一路"沿线国家和地区的现状。可以看出,这些地区充满了机遇和挑战。反观国内情况,近年来因为政府大力倡导加强基础设施建设,出现了一大批与基础设施建设有关的产业,比如水泥、钢筋、高铁等。但是这些产业因为发展过快,从最初的供不应求到现在的供过于求,造成部分产业产能过剩。上海可以抓住这个机会,鼓励有资质的本土企业走出去,到"一带一路"沿线的国家和地区,参与当地的基础设施建设。之所以有这样的方案,有以下两个原因。首先,我国的基础设施建设已经进行了多年,无论是技术成熟度,还是团队协作能力都是无可挑剔的。其次,我国的企业很早就走出了国门,在其他国家承接基础设施工程,所以企业有丰富的涉外承接工程的经验。综合以上两点,中国企业如果到"一带一路"沿线国家和地区承接工程,有着强劲的竞争力。而作为中国金融中心的上海在这其中又能起到什么作用呢? 可以从项目资金的筹措出发,开展一些业务。因为这些企业承揽的是基础设施的项目,而且那些国家或地区经济相对落后,企业就一定存在项目垫资的问题。而很多企业也正是因为没有充足的资金,所以没能走出去。上海可以利用自己金融中心的优势,进行金融创新,例如可以利用金融衍生品,为企业进行项目融资。再如,上海可以对企业信誉、还款能力、项目的盈利能力等方面进行评估,为评估达标的企业进行贷款担保或者直接提供成本较低的项目资金。因为提供的资金是人民币,可以要求"一带一路"沿线国家在最后结算的时候,直接用人民币与我国企业结算,同时完善人民币的回流机制。通过这种方式,一方面让我国企业不再面临因为使用外币结算而可能遭受到的汇率风险。另一方面,也是最重要的,就是让人民币成为"一带一路"沿线国家和地区的结算货币。中国企业参与的项目越多,用人民币结算的机会就越大,这样一来,人民币就有机会成为区域性的结算货币,这也是人民币国际化的一个重要组成部分。

其次,鼓励本土金融企业进行金融创新。为了更好地提升人民币在"一带一路"沿线地区的影响力,上海可以在风险可控的情况下,大胆推进金融改革创新,包括金融产品创新、业务流程创新、服务机制创新等。上海本地的金融机构大有可为,而且应该大有作为。比如,鼓励上海本地的银行在"一带一路"沿线国家设立分行,开展人民币借贷、结算业务。分行的建立,一方面突破了上海本地银行的区域性限制,业务范围不再仅仅局限于上海本地以及周边地区。另一方面,也为人民币的在境外结算提供了很大的便利,进一步促进了人民币国际化,特别是增强了上海金融在"一带一路"沿线国家的影响力。但是上海本土金融机构走出去依旧面临着很大的风险,主要有以下几个方面。第一,安全风险。欧亚大陆是国际安全形势最为复杂的地区,各种力量在这以区域的角逐也异常激烈。非传统安全问题将更加突出,恐怖活动与毒品走私问题将变得更加猖獗。以乌克兰事件为代表的地缘政治冲突所引发的区域政治安全形势扑朔迷离,而中亚大国面临领导人更迭,政局稳定存在诸多变数,上述因素对在该区域内开展经贸合作带来了巨大的挑战。第二,体制风险。我国与"一带一路"沿线各国体制上存在很大的差异,如果要和这些国家和地区进行合作,就必须解决因为体制不同带来的问题。"一带一路"建设一直强调要互联互通,其中就包括实现管理体制的互联互通,比如尽快使我国现行财务会计及审计管理体制与国际接轨,达到国际市场的统一标准。而更为迫切的是尽快建立跨境税收管理体制,制定避免双重征税和防止偷漏税协定的实施细则,为企业合法经营并获取合法收益奠定重要的法律基础,从而既从国家层面,又从企业层面为我国企业"走出去"保驾护航。

最后,打造人民币定价中心。上海作为中国经济中心,未来也致力于发展成为国际金融中心。为了早日达成这一目标,应该着力打造上海成为人民币的结算中心和定价中心。其实,在这一点上,政府已明确指出将上海"打造全球人民币基准价格形成中心、资产定价中心和支付清算中心,提升人民币产品市场规模和影响力"。随着上海金融市场的交易规模不断扩张,国内各大要素市场不断集聚于上海。同时,由于交易规模的扩大,资金定价有了更加可靠的依据。目前,上海银行间同业拆放利率(shibor)已经成为"中国基准利率",而上海银行间外汇交易市场每天的价格,也成为影响人民币汇率的重要因素。此外,上海期货市场作为国内铜、铝、燃料油等大宗商品交易集聚地,定价能力也进一步提升。以石油定价为例,1983年纽约商品交易所(NYMEX)推出了世界上第一份原油期货合约。1988年伦敦的国际石油交易所推出了布伦特原油期货合约。目前,原油期货成交量要数倍于实体原油的成交量。这两个交易所的原油期货均使用美元结算,并对实体原油交易定价发挥着显著的影响力。欧佩克向欧洲客户出口原油的价格,就由基于布伦特期货价格加权平均的定价公式得出。发达金融体系的网络作用和杠杆效应已将原油定价权牢牢绑在美元战车之上(Budd,1995)。即使美国没有充沛的石油资源,但是因为美国发达的金融体系和美元稳固的国际货币地位,让美国掌握了国际原油的定价权。反观中国现状,我们是人口大国,虽然有丰富的自然资源,但是如果看人均水平的话,却远远低于世界平均水平。所以,中国要想继续发展,能源问题是一个永远也绕不过的话题。中国可以美国为鉴,借助建设"一带一路"契机,建立一个以人民币为核心的金融体系,加快推行人民币国际化。在国家推行这个战略的过程中,上海作为中国经济发展水平最高的城市,应该发挥的作用是不言而喻的。上海应该在现有的金融体系的基础上,充分发挥自身的主动性。一方面要引进更多世界级的金融机构,高端的金融人才,并把他们带来的最先进的理念进行本土化。另一方面通过推行相关政策,鼓励本土的金融企业和个人进行金融创新,最终形成有上海特色、中国特色的金融理念。综上,可以看出上海具备了成为人民币定价中心的先决条件。但由于人民币在资本项目以及部分经常项目等采纳为结算货币的局限性,使上海作为人民币定价中心功能还尚未充分发挥出来。总之,上海成为人民币定价中心依旧是任重而道远。

综上,借助"一带一路"战略,扩大人民币的区域性影响力。一方面,通过参与"一带一路"沿线国家和地区基础设施建设,使人民币成为这些国家和地区的结算货币。另一方面,中国也要加快建设以人民币为核心的金融体系,进而争取人民币的定价权,使人民币成为区域性的国际货币。

2.3 借助上海自贸试验区平台,增进上海资金融通功能的向西开放与渗透

2013 年 9 月 29 日,上海自贸试验区正式挂牌,其涵盖外高桥保税区、外高桥保税物流园区、洋山保税港区和浦东机场综合保税区等 4 个海关特殊监管区域,总面积 28.78 平方公里。上海自贸试验区作为唯一一个纳入"一带一路"规划的自贸试验区,这给上海建设全球城市提供了一个难得的契机。

2.3.1 推广上海自贸试验区的成功经验

自贸试验区的运行需要区域经济的合作和一系列政策的变革。上海自由贸易试验区的成功运行,有许多可供其他地区复制并且加以推广的经验。上海可以将这些经验加以整理和完善,在其他正在建设或准备建设自贸试验区的地区加以推广实行,让其他地区在运行自贸试验区的过程中少走弯路。另外值得注意的一点是,其他几个在建的自贸试验区也是发展"一带一路"的重要枢纽,因此,上海自贸试验区的示范效用将会促进"一带一路"战略的发展。反过来,"一带一路"战略的发展也会反作用于自贸试验区的发展。总之,自贸试验区的发展和"一带一路"的发展是相辅相成、息息相关的。

2.3.2 以"一带一路"战略为契机,与 TPP、TTIP 进行战略性对接

上海自贸试验区作为中国参与新一轮自由贸易区网络构建重要的突破点,需要借助于"一带一路"战略,积极探索与"一带一路"沿线的 65 个国家进行双边投资合作,按照合作共赢、互利发展的基本原则,逐步构建以上海自贸试验区为突破点、

以中国为核心的自由贸易区网络。上海自贸试验区目前在劳工标准、知识产权等方面和TTP、TTIP存在较大差距,需要上海自贸区在条件允许的情况下逐步推行相关改革(李翔,2014)。比如,在知识产权保护领域,迫切需要提升中国国内普通公民的知识产权保护意识。我们不仅要保护国外知识产权,也要保护国内知识产权。最重要的就是,鼓励自主创新。中国的经济发展不能永远停留在模仿外国专利,为外国公司代工的阶段,这样中国企业的收益永远只能是整个利益链条的一小节。而且随着我国人口红利正在逐渐减弱,中国的人力成本也越来越高,已经有很多企业将自己的加工厂搬到了东南亚国家,所以过去靠廉价的人力成本获取收益的日子已经一去不复返。其次,在劳工标准上,上海自贸试验区要关注中国产业国际比较优势来源的变化,并在保证中国产业国际竞争力和产业安全的前提下,通过劳工标准的改善帮助中国产业培育新的国际竞争优势。

上海自贸试验区在劳工标准、知识产权方面的改革推进需要考虑到"一带一路"沿线65个国家经济和产业发展的差异性。随着"一带一路"战略的逐步落实,中国将和这65个国家建立双边投资合作关系。以上海自贸试验区为样板的劳工标准、知识产权等标准能否被沿线65个国家以及其他中国致力于进行自由贸易协定合作的国家接受,都需要慎重考虑,进行差异化、个性化设计。简而言之,上海自贸试验区需要充分借助"一带一路"战略,从中国自身以及中国经济合作(包括潜在合作)意向国的情况出发,与TPP、TTIP进行主动的战略性对接。

2.3.3 借助上海自贸试验区,进行金融制度创新

最后,上海自贸试验区的发展必将催生一系列引人注目的制度改革,这些制度让试验区里的企业在获得更多政策红利的同时,也为将来在更大范围内实施这些政策打下一个扎实的实践基础。比如,区内注册企业可开展跨境双向人民币资金池业务。这一业务的展开,利用跨境双向人民币资金池使跨国公司和走出去企业的上述烦恼迎刃而解,不仅让资金效用最大化,也让人民币成为国际资产的一部分。同时,上海自贸试验区在金融领域与"一带一路"紧密相关。作为中国金融核心聚集区,陆家嘴被纳入扩区版图后,将在"一带一路"沿线国家双边本币的互换和结算、中国金融机构参与境外发人民币债券和外币债券、发挥各国主权基金的作用

等方面进一步改革与开放。上海自贸试验区先进制度的推广,不仅是政府经济管理模式的推广,成为中国经济转型升级的一大"抓手",同时也将对"一带一路"所辐射到的地区的地方政府形成示范效应。参与"一带一路"战略有利于上海自贸试验区的政策创新,并为其运用提供更广阔的空间。上海可以试验区金融创新为突破口,拓展自由贸易账户功能,积极探索离岸市场与在岸市场衔接联动,创新面向国际的人民币金融产品,有序推进资本项目可自由兑换,深化扩大金融市场的开放度。

把握"五大中心"和自贸试验区建设的契机,上海将会积累更多在制度管理和业务创新方面的经验,进一步提升上海在区域和国家要素整合和协调方面的能力。

2.3.4 借助国际政府合作平台,扩大上海金融产业对"一带一路"国家的影响力

在"一带一路"所涵盖的主要地区已有多个中国积极参与的国际和地区合作机制。例如:上海合作组织,APEC、中国—东盟自贸区、欧亚会议、亚信会议等。而在中国境内,长江经济带受到地理位置、自然资源、开发历史和产业基础等方面因素的影响,在沿江城市形成了长三角经济圈、皖江经济带、长江中游城市群和成渝经济区等城市群(荆林波等,2015)。作为长江经济带发展龙头的上海应着力将自身打造成为对接"一带一路"的国际和区域合作机制的平台与连接点,同时也成为国家级战略构想的平台。

由于各相关国家级战略缺乏有效的联结机制,而正在打造国际性大都市的上海,已逐渐成为国际和区域机构进驻的集聚地,其国际话语权和"软实力"将大幅度提升,因此纵观中国各大区域与城市,上海最有希望在机制建设上形成突破,在解决各个国家战略分散的问题上有所作为。

"一带一路"战略的第一步就是推进沿线国家和地区的基础设施建设。但是因为这些地区经济大多较为落后,所以没有足够的资金支撑他们完成这些工程,一个完备的融资平台就成了当务之急。要想构建这个平台,我们可以根据"一带一路"战略的发展状况,分为三个阶段。

第一阶段,以基础设施建设为重点,这个阶段以开发性金融服务为主。因为基

础设施建设需要大量的资金投入,并且投资成本收回的时间很长。所以,应该充分发挥亚洲基础设施投资银行(亚投行)、丝路基金、金砖国家开发银行等国际开发性金融机构的作用,支持"一带一路"相关国家加快基础设施建设。这些国际开发性金融机构共同构筑成为"一带一路"金融支持的主体架构。例如具备诸多重要功能的亚投行将与世行、亚行等其他多边及双边开发性金融机构展开密切合作,继续推动国际货币基金组织和世行的进一步改革,补充亚行在亚太地区的投融资与国际援助职能等,使亚投行具有无穷的魅力。此外,亚投行也是一个包容性极强的国际金融机构,只要有志于亚洲区域和全球经济发展的国家或地区皆有资格申请加入。截至 2015 年 10 月 9 日,已经有 53 个国家和地区宣布加入亚投行,其中包括中国、英国、法国、德国、意大利、印度、韩国、澳大利亚等国家,相信未来还会有更多的国家和地区加入到亚投行的大家庭中。正因如此,相信亚投行在促进亚洲经济发展的同时,也将在"一带一路"沿线国家的基础设施建设投融资的过程中大有作为。此外,金砖银行,作为首个由发展中国家倡议组建的国际金融机构,其总部落户中国上海(姜睿,2015)。把金砖银行总部设在上海,在国际舞台上凸显了中国新兴大国的地位。

第二阶段,中国作为"一带一路"的发起国,在条件允许的情况下,可以尝试联合"一带一路"沿线国家的政策性金融机构集体发力,积极支持沿线国家加快互联互通和物流发展,进一步促进贸易和投资便利化。只有"一带一路"沿线各国的贸易做起来了,经济得到发展,人民的生活质量得到提高,各国才能从"一带一路"的发展中获取红利,进而促进"一带一路"战略的发展。

第三阶段,在"一带一路"沿线各国经济发展取得一定成效之后,可以鼓励商业性的金融机构进行市场化运作。比如,让商业银行从事项目上下游的商业性业务,如国际结算业务,以及为企业提供财务咨询、风险评估、风险管理、投资银行等创新型业务。上海集结了国内大多数金融结构,本土的金融机构也不在少数,所以可以利用这个优势,鼓励金融机构进行业务创新。通过这种方式,既可以突破地域局限,促进金融业务创新,同时也让上海金融业对"一带一路"沿线国家产生更多影响。

综上,上述三个阶段环环相扣,相互促进,"一带一路"融资平台的完成指日可待。

第3章
上海参与"一带一路"建设的贸易策略

　　"一带一路"是一个致力于经济、金融、贸易、人文与社会合作的平台。这个平台具有开放、包容、可延展的特征,其涵盖的地理范围广泛,包括中亚、西亚、南亚和东南亚,并伸展到了欧洲、非洲腹地。同时,"一带一路"辐射到的相关国家其具有的优势并不完全相同,这些优势主要表现在产业、劳动力、资源和市场等各个方面,经济上的互补性带来了巨大的贸易合作潜力。"一带一路"建设的重要内容之一即是贸易领域的拓展和深化。在经贸投资领域,上海需要持续拓展投资贸易网络,巩固传统市场优势,大力拓展新兴市场。借助上海在"一带一路"沿线国家举办经贸展会的平台,与展会举办城市建立经贸合作伙伴关系。加快实施"走出去"战略,鼓励上海优势领域企业把握商机,培育和壮大市场主体,加强与相关区域的对口合作,深化人才、信息、项目、市场等方面的合作。作为发展中的国际贸易中心城市,上海应充分发挥开放这一最大的优势,以开展全方位、多层次经贸合作为突破口,努力成为中国推动"一带一路"建设的排头兵和先行者,率先推动实施新一轮高水平对外开放。

3.1　拓展对"一带一路"的贸易出口

3.1.1　贸易出口重心正在向"一带一路"沿线推进

　　积极参与并大力推进与"一带一路"沿线区域的贸易往来既是贯彻国家战略的

需要,也是实现上海国际贸易中心城市的需要。据上海海关最新统计数据显示,2014 年上海市进出口总值达 2.9 万亿元人民币,较 2013 年增长 4.6%,高出全国增速 2.3%,其中,进口总额 1.6 万亿元,增长 6.9%,同期全国进口增速下降了 0.6%;出口总额达 1.3 万亿元,同比增长 1.9%,低于全国 4.9% 的增速。进出口非均衡增长导致上海全年贸易逆差高达 2 835.2 亿元,大幅增长了 37.7%。尽管上海进出口贸易在自贸区效应带动下双双实现了增长,但是进口强劲增长的同时出口增长却相对乏力。我们将上海与全国近年来出口增速进行了追踪比较,结果如图 3.1 所示。

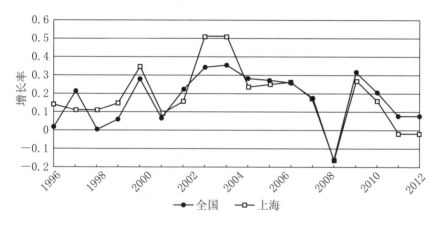

图 3.1　近年来上海与全国出口增速对比

显然,上海出口增速整体呈现出大幅波动的走势,增长乏力。2004 年以前,上海出口增速基本领先于全国,自 2005 年开始,出口增速出现大幅下降,随后上海出口增速始终低于全国水平,最近几年甚至出现了负增长。若出口长期延续疲态,将使上海建设国际贸易中心的战略目标受其掣肘。参照纽约、伦敦、东京以及香港等城市的发展经验,要顺利建成国际贸易中心城市,促进对外贸易均衡发展,进而维护本地区经济安全,出口市场多元化将是不二选择。

自 20 世纪 90 年代初中国推行出口市场多元化战略以来,上海出口企业大力拓展新兴市场,推进了市场多元化进程,出口市场多元结构逐步形成。表 3.1 显示了自 2000 年以来上海出口前十大市场的变动情况。不难发现,美国、日本与中国香港地区长期稳居出口市场前三甲。前三大市场在 2005 年以前始终占据上海出口的半壁江山,随后则逐年下降,近几年又略有回升。同时,三大市场也轮番成为

单位:亿美元

表 3.1 上海对主要出口市场的出口情况

国家/地区	2000	2001	2002	2003	2004	2005	2006	2007	2008	2009	2010	2011	2012	2013
美 国	56.25	58.98	73.24	119.94	179.50	227.39	282.74	346.11	372.10	320.94	409.91	483.94	501.59	506.50
日 本	60.81	63.89	70.01	87.66	117.82	133.56	151.71	170.53	200.39	160.84	196.46	239.74	249.62	249.09
中国香港	23.02	26.22	31.19	45.26	69.20	85.66	102.02	125.08	125.72	109.86	134.09	161.46	159.69	167.70
德 国	9.48	12.40	12.21	21.14	33.95	42.48	55.90	68.25	92.94	71.32	86.05	86.21	94.34	67.09
荷 兰	6.16	7.09	7.72	10.42	22.22	35.07	40.26	53.88	62.14	51.16	77.61	88.52	80.49	84.95
韩 国	10.59	10.14	11.60	14.83	25.11	30.38	38.67	49.17	59.68	46.90	58.92	74.18	69.45	62.12
新加坡	7.88	8.39	7.11	11.83	19.09	22.32	29.88	39.68	51.06	48.43	59.01	67.50	68.63	70.45
中国台湾	5.67	6.10	8.79	14.22	24.06	25.71	35.56	44.61	43.93	40.69	56.54	61.90	57.01	57.91
英 国	7.07	7.05	8.12	11.17	19.00	24.70	32.35	41.41	45.19	35.17	43.11	47.82	50.01	52.12
澳大利亚	4.74	4.91	5.92	9.01	14.31	18.43	24.73	32.20	40.01	34.15	45.59	56.63	57.98	58.22
前十占比	0.76	0.74	0.75	0.73	0.73	0.71	0.70	0.69	0.65	0.66	0.66	0.65	0.67	0.67

资料来源:据《上海统计年鉴》历年数据整理计算而得。

上海最大的出口市场,最初我国香港地区占据了出口市场的头把交椅,随后被日本赶超,自 2002 年起,美国又取代日本成为上海第一大出口市场。就出口前十大市场而言,美国、日本、中国香港、德国、荷兰、韩国、新加坡、中国台湾以及英国相对稳定,而意大利仅于 2000 年排名第十,随后一直未能进入前十位;马来西亚自 2001 年起连续三年上榜,随后均排在前十之外;法国于 2003 年至 2010 年保持在出口市场前十名,但近三年均跌出了前十位;相反,澳大利亚则自 2010 年起始终榜上有名,上海出口前十大市场由此遍布除非洲以外的各大洲。

可见,上海出口前十大市场占比整体呈现出逐年下降的趋势,占比由 2000 年的 76% 下降到 2013 年的 67%。与此形成鲜明对照的是,上海对"一带一路"新兴市场的出口日趋活跃,近年来对泰国、土耳其、阿联酋、越南、南非、俄罗斯、捷克等新兴市场出口均超出 10 亿美元,其中对阿联酋、越南、俄罗斯的出口均晋级 20 亿美元以上,对泰国出口更是超出了 30 亿美元。统计数据显示,上海出口部门对"一带一路"新兴市场拓展的热度依旧不减,近年来出口超亿美元且保持两位数增长率的新兴市场国家有孟加拉国、缅甸、柬埔寨、伊拉克、喀麦隆、埃塞俄比亚、苏丹、坦桑尼亚、乌克兰等。

显然,"一带一路"沿线的新兴市场已成为上海出口新的增长点。从上海出口市场的洲际分布亦可以看出这个趋势,上海的传统出口市场主要集中在欧洲、北美和亚洲地区。其中,对欧洲与美洲出口在经历了前期高速增长后逐步退潮,这两大洲的市场出口增速均低于整体增速,而对亚洲的出口增速保持稳定。虽然从比重上看,上海对其他各洲的出口相对较小,总计在一成左右,不过这一比例呈逐年上升的趋势。其中,上海对非洲的出口近年来得到快速增长,增速整体高于上海出口平均增速。

3.1.2　巩固并优化"一带一路"指向的贸易出口结构

出口地理结构的研究由来已久,以 Presbish 和 Singer(1950)提出的"普雷维什—辛格命题"为代表,出口结构的研究由此滥觞,出口多元化战略也随之成为贯穿 20 世纪后半叶贸易政策研究的主旋律,国内外学者随之就出口结构问题展开了大量理论与经验研究。这里基于相关研究成果,引入出口偏离度指标来评价出口市场多元化问题。我们力图在坚实的实证研究基础上探求上海出口市场地理结构的演变机制,进而为推动上海出口贸易平稳增长提出一些政策参考。

1. 出口市场结构的测度方法

本章采用绝对偏离度指标来评价出口市场的地理结构,该指标最早由Al-Marhubi(2000)作为解释变量引入商品多元化的实证研究中,本章将进出口市场有机结合起来对该指标进行了拓展,进而可用于市场结构的分析。其表达式为:

$$D(X_i) = \frac{1}{2} \sum_{j=1}^{n} |r_{ij} - r_j|$$

其中,r_{ij} 即 i 国对 j 国的出口额占 i 国出口总额的比例,r_j 为 j 国的进口市场份额,即 j 国进口额占世界总进口额的比例。该指标取值约束在 0—1 之间,$D(X_i)$ 取值越接近最小值 0,则 i 国(或地区)的出口偏离理想结构的程度越小,表明各出口市场的风险因素越少;相反,$D(X_i)$ 取值越接近最大值 1,则表明出口市场地理分布极不均衡,很容易引致出口波动,加大出口风险。显然,$D(X_i)$ 度量了某国(或地区)出口市场结构与世界进口市场结构之间的差异程度。该指标充分考虑了不同目标市场的进口容量,并且该指标采用的是同期相对值,因而消除了时序数据因统计口径不同等原因造成的不可比性。此外,偏离度指标不仅很好度量了出口市场多元结构的整体效果,而且分量偏离度对各个具体市场的出口过度与出口不足均有明确的符号区分,这样就为出口市场结构的调整指明了方向。

2. 上海出口市场洲际结构分析

基于前文出口市场偏离度指标的设定,我们采用 1995 年至 2013 年《上海统计年鉴》历年出口数据与世界贸易组织数据库历年进口数据,经统计口径比对消除区域划分差异后,测算了上海出口市场偏离度,具体结果见表 3.2。为使枯燥乏味的数据相对形象化,我们将测算的偏离度数据集转换为图 3.2 所示的折线图来对照分析上海出口市场地理分布的均衡性。

表 3.2 上海出口市场洲际结构偏离度

年 份	2000	2001	2002	2003	2004	2005	2006	2007	2008	2009	2010	2011	2012	2013
偏离度	0.274	0.277	0.277	0.258	0.249	0.229	0.225	0.223	0.201	0.210	0.196	0.215	0.213	0.222
亚 洲	0.265	0.269	0.270	0.216	0.202	0.176	0.165	0.155	0.135	0.139	0.118	0.128	0.125	0.129
非 洲	0.002	0.001	−0.003	−0.004	−0.008	−0.010	−0.009	−0.012	−0.011	−0.012	−0.011	−0.010	−0.015	−0.013
欧 洲	−0.251	−0.251	−0.274	−0.253	−0.241	−0.219	−0.217	−0.212	−0.189	−0.197	−0.185	−0.205	−0.198	−0.209
美 洲	−0.024	−0.026	0.000	0.036	0.041	0.046	0.050	0.057	0.054	0.060	0.063	0.070	0.074	0.078
大洋洲	0.007	0.007	0.007	0.005	0.006	0.008	0.010	0.011	0.011	0.011	0.015	0.017	0.014	0.014

　　资料来源:据《上海统计年鉴》及 WTO 数据库历年数据经作者整理计算而得,囿于篇幅仅列出 2000 年以后的数据。

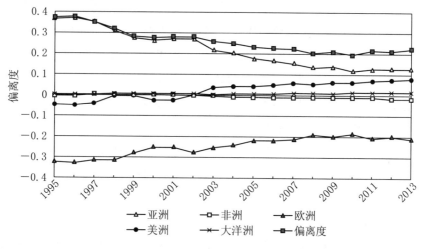

图 3.2 上海洲际出口市场偏离度对比

　　偏离度指标显示,自上世纪 90 年代初中国实施出口市场多元化战略以来,上海出口市场偏离度总体呈现出持续下降的趋势,2010 年甚至低于 20% 的水平。这表明,伴随出口市场多元化战略的稳步推进,上海出口市场结构得以不断优化,出口市场多元化战略成效显著,新兴市场出口份额不断提高。从出口市场偏离度曲线来看,上海对亚洲与欧洲市场出口分量偏离度曲线均表现出向理想值逼近的趋势,而美洲市场出口分量偏离度曲线出现了正向偏离的情况。此外,尽管亚洲与欧洲市场的出口分量离差曲线有向 0 值靠近的趋势,但亚洲市场出口分量偏离度曲线始终大幅高于理想值,相反,欧洲市场出口分量偏离度曲线却始终大幅低于理想值。非洲市场出口分量偏离度曲线表现相对平稳,近年来均稳定在理想值附近1.5%的范围以内。

同时,我们也注意到上海出口市场偏离度近年来始终高达 20% 以上,居高不下的出口偏离度表明出口市场结构尚处于不均衡状态。因此,上海出口市场多元结构仍存在较大的调整空间。亚洲市场的分量偏离度在 2004 年以前长期高于20%,随后呈逐年下降的走势,目前任然高达 12% 以上,是洲际出口市场中正向偏离度最大的构成元素,表明上海对邻近亚洲市场的出口相对其进口市场容量而言始终处于出口过度的状态。欧洲市场的分量偏离度在 2000 年以前始终低于−30%,随后逐渐上升,但最近几年又有所下降,目前仍低于−20%,是洲际出口市场中负向偏离度最大的市场,说明对欧洲市场的出口相对其进口市场容量而言始终处于出口不足的状态。但就整体趋势来看,尽管亚洲与欧洲市场出口偏离值始终居高不下,但其偏离度曲线整体均表现出向理想值收敛的趋势。非洲市场由于所占出口份额相对偏低,其分量偏离度整体走势相对平稳,没有出现大幅波动的情况。近年来非洲市场出口分量偏离度则呈现出缓慢负向偏离的趋势,表明上海对非洲市场的出口尚有进一步拓展的空间。

在这种情况下,"一带一路"战略的提出为上海优化出口市场结构提供了契机,反过来,上海出口市场结构的优化应该且必须是"一带一路"指向的。具体而言,应从如下方面着手。

首先,高度重视对"一带一路"新兴市场的出口。偏离度指标显示上海对非洲众多新兴市场的出口仍处于出口不足的状态。尽管新兴市场目前经济整体呈持续放缓的趋势,但中国与新兴市场国家有着良好的合作基础与共同利益,经济上具有较强的互补性。近年来,上海对部分新兴市场国家出口增速也始终保持了两位数,这表明上海对新兴市场出口潜力巨大。鉴于新兴市经济增长目前出现了分化,未来上海对新兴市场出口既要看到机遇又要应对风险。出口机遇在于那些正在进行经济改革并受益于投资增长的经济体,如南非、印度、印度尼西亚和菲律宾等;而出口风险则存在于经济持续衰退的经济体,如委内瑞拉、巴西和俄罗斯等。今后,上海应持续追踪新兴市场经济走势的分化,引导企业积极拓展前景看好的潜力市场,规避正在持续衰退的风险市场。

其次,对于非"一带一路"涉及的传统出口市场,也应做好进一步优化。例如对偏离度较高的亚洲与欧洲市场应分别采取转移与拓展的策略,即逐步收缩出口明显过度的亚洲市场转而拓展出口明显不足的欧洲市场。就传统国别市场而言,伴随后危机时代阴霾的逐渐消退,美国、日本和欧洲等发达经济体的经济复苏日渐增强,其进口需求也将逐步回升,今后美国、日本、中国香港、欧盟等传统发达市场仍将是上海出口的主战场。同时,上述发达市场所拥有的先进技术、管理经验和市场规范将为上海建设国际贸易中心提供经验借鉴。因此,今后上海的出口还将在很大程度上依赖于这些传统市场,应针对上述发达市场日渐改善的市场前景与一些国家贸易壁垒高筑并存的现象,主动运用世界贸易组织相关规则保护出口企业利益,引导出口企业把握世界经济发展的新趋势,继续拓展这些需求逐步回升市场的出口,促进传统出口市场均衡增长。

3.2　打造"一带一路"贸易合作结点

"一带一路"的战略内涵是打通中国向西以及向南的开放通道,是国家战略层面上的布局,其辐射的区域包括南亚、东南亚、中亚、西亚,乃至部分的欧洲区域。金砖国家、发展中国家更多地被这一战略构想涵盖进来,获得了发展的平台。鉴于这一开放通道涉及国家和地区的经济发展水平以及经济差异度,有必要加强他们之间初期的互联互通建设。然而,这些相关的国家级战略缺乏有效的联结机制,用力分散。目前,上海已进入了带动"两带一路"区域发展的新阶段。未来 30 年,上海将向成为具有全球意义、拥有自身独特优势、具备引领和借鉴意义的全球城市发展,需要找到自己在国际、国内、长三角地区和上海地区 4 个层次的定位和发展机会,将长江经济带发展与"一带一路"发展战略对接,整合国内外、区内外资源,促进亚欧非地区物畅其流、人畅其通,构建统一高效的区域大市场和区域合作体系。

具体而言,上海在充当"一带一路"贸易合作结点的优势主要体现在:从地缘优势方面看,上海地处长江入海口,东向东海,南濒杭州湾,与江苏、浙江两省相接,共同构成以上海为龙头的中国最大经济区"长江三角洲经济圈"。上海既是"一带一路"和长江经济带的重要交汇点,又是世界第一大集装箱吞吐港,同时作为中国—中亚管道"西气东输"能源的主要承接地和援疆项目的重要省市之一,其地缘优势无可替代。从机制优势方面看,上海不仅是中国第一个倡导的国际多边合作机制上海合作组织的发祥地,而且多次成为亚信峰会、APEC等重大国际组织会议的承办地,并正在推进国家第一个自由贸易试验区建设,其机制优势无可比拟。从交通方面看,上海是"一带一路"的交通枢纽中心。上海正在建设四通八达、辐射"一带一路"和长江经济带的中国最大的航空港,最密的高铁、普铁和公路网,最长的天然气管道,最多的输电线路和最快的通信网络以及世界最大的海河港口。随着这些项目的建成,上海交通枢纽的领先优势将得到加强,将构建起立体交叉的互联互通交通网络,成为"一带一路"和长江经济带最大的综合交通枢纽中心。

从产业优势方面看,目前,上海借鉴五大世界级都市圈在形成过程中都有产业集群作为支撑的经验,充分把握全球制造业转移的机遇,努力提升现代制造业的功能与水平,已形成北面精品钢材及延伸产业集群,南面世界级化工产业带,东南面国内微电子生产线最密集区,西北面集产学研、检测、展示、竞技、文化于一体的汽车城,长江口造船及港口设备产业集群,临港集装箱、物流产业集群,新兴生物医药和中药产业集群等八大产业集群,其产业带动作用领先于国内其他地区。从人才集聚和科技创新优势方面看,上海拥有数量庞大的最富创新意识、最有活力且最具创新能力的群体,仅留学归国人员就约占全国的1/4。上海已基本建成国内最完善的区域科技创新体系,形成了若干个具有国际先进水平、技术创新活跃的产业集群和若干个具有国际先进水平、具有技术优势的重点学科;在若干个重点领域拥有一批国际先进水平的科技领军人物和重点行业的国际知名企业家;拥有若干个国际先进水平的科研基地和研发中心以及若干个具有国际先进水平的重大科技成果。

除此之外,从历史上看,上海与"一带一路"的相关区域具有悠久的对外贸易基础。例如,由于地理位置接近的缘故,中国与南洋地区开展贸易往来有着天然的优势。虽然南洋各国和地区在近代上海对外贸易中所占的份额并不大,但期间的贸易量一直是在增长的,在上海对外贸易中所占的比重上升也相当快。通过对相关年份海关贸易统计中的贸易商品结构的历史考察可以发现,随着近代上海工业的发展,上海出口到南洋的商品多为纺织品、印刷品、纸烟等,其中工业制造品占了很大的比重。而南洋出口到上海的贸易商品则多为工业原材料、燃料等,这些都在一定程度上反映了这一时期上海社会经济和工业的发展。可以说,上海与南洋贸易对近代上海工业的发展起到了一定的促进作用。当然我们还应当认识到,在当时国际和国内局势等诸多因素的制约下,近代的上海是不可能建立完整合理的对外贸易结构以及工业产业结构的。但是,我们也应该正视经济贸易规律的客观存在,看到近代上海与南洋的贸易对上海城市社会经济的发展尤其是工业化所带来的若干积极影响。

上海的以上这些特点,为其在"一带一路"建设中扮演好贸易合作结点的角色奠定了很好的基础。但除此之外,还需要在以下方面作出努力。

3.2.1 开展贸易合作的平台、市场、体系建设

1. 搭建贸易合作的多机制、多层次平台

上海在"一带一路"战略中的龙头地位非常重要,应利用其独特优势主动争取在"一带一路"机制建设、有关优惠政策和授权等方面获得国家支持,积极搭建起"一带一路"区域合作的多机制、多层次合作平台,从根本上获得内在和外在驱动力,以提升上海建设"一带一路"的能力和影响力。一是积极推进区域合作机制建设,如上海合作组织、亚信会议、中国东盟自由贸易区、APEC、金砖国家合作机制等"一带一路"和长江经济带的众多机制。二是积极参与次区域合作机制的活动,如中俄哈蒙四国六方机制、中哈霍尔果斯国际边境合作中心跨境自由贸易区建设、湄公河流域机制、图们江合作机制等。三是积极参加中国其他省区与"一带一路"国家和地区间的重要机制与活动,如中国—亚欧博览会、欧亚经济论坛、东北亚经济论坛、东南亚区域论坛、陇海兰新经济促进会、广交会等。四是研究设立具有长效机制和能够承载上海"一带一路"和长江经济带建设的常设机构,如"两带一路论坛"或博览会,该论坛或博览会应是国家级别的,可吸收"两带一路"沿线国家和机构参与的具有行政编制和功能的正式机构,在中央直接领导和授权下,全权负责协调和承办上海与"一带一路"和长江经济带沿线国家和地区以及区域组织的所有相关事务。

通过这些重要机制和活动,可将中国发达的长三角区域与后发达的西北、西南

和东北三边连为一体,将长江经济带与"一带一路"连接起来,通过战略对话论坛、承办会议、提供智力支持,争取区域机制分支机构落户上海、分享经验和信息、培训专业人员、企业投资等提升"一带一路"的区域合作能力和水平,形成良性频繁互动的机制,以扩大这些区域组织以及上海的国际影响力。

2. 推动区域标准一致化建设,建设统一大市场

上海应发挥其在国内和"一带一路"区域标准化建设的标杆优势,利用上海自贸试验区建设的多项试点和政策,推动"一带一路"区域的标准一致化建设,打破省区间、国家间的标准壁垒和规则壁垒,建设"一带一路"的统一大市场。一是积极推动食品、化工、汽车零部件、服装、医疗用品等众多行业标准一致化。二是建立统一的进出口检验检疫标准、交通运输标准、金融业务和创新标准、海关与税务的查验和通过等功能领域的标准。三是建立地区间、国家间各对口部门间可协调合作的标准执行、监督与追溯机制。四是建立持证上岗制度,主导"一带一路"区域的专业培训,将对各方都适合、各方协商都认可的标准适时推广到"一带一路"沿线各国和地区,从国际标准和规则的追随者和学习者转变为国际标准和规则的制定者和主导者,为中国在国际区域经济合作竞争中占据更加有利的地位和参与建立更加公正合理的国际经济秩序发挥重要作用。

3. 主动构建"一带一路"的资源整合体系

上海与"一带一路"沿线的众多省区和国家在资源能源供需和上中下游产业链等众多方面存在互补性,具有建立该区域资源整合方面互补的机制、路径、模式的潜力和基础。随着中国在能源、资源领域逐步对民营企业放开,应鼓励上海及长三角地区的国营和民营企业走出去。一是积极参与哈萨克斯坦、乌兹别克斯坦、土库曼斯坦、缅甸等"一带一路"资源、能源富集国家和地区的油气等一次能源及其他矿产资源的招投标项目。二是为改善上海和长三角地区的生态环境,在更多使用清洁能源、争取西气东输更大份额的同时,积极参与西部大开发西电东送项目建设,积极开发中西亚和南亚地区的太阳能、风能、水能等新能源,并积极参与南海和东海海上油气开发和风能开发等项目,探索上海参与开发资源、能源项目后与有关部门和地区资源分成的新模式和新路径。三是与哈萨克斯坦、俄罗斯、泰国等粮、油主要出口国建立良好的技术支持、设备帮助、人员培训、进出口方式等长效合作机制。四是积极引进"一带一路"沿线国家和地区的企业落户上海自贸试验区,为尚

不发达的合作伙伴降低合作门槛,培育和帮助这些企业发展壮大,形成产业互补、投资相互依赖的互嵌式格局。五是帮助中亚等内陆国家在上海建立物流基地,通过上海港走向海洋,将丝绸之路经济带与海上丝绸之路有效对接,发挥上海不可替代的引领作用。一旦上海成为"一带一路"最大的资源整合区,既解决"一带一路"资源的供需问题,也为该区域起到极大的示范和带动作用。

3.2.2　实施贸易合作的"引进来"和"走出去"战略

1. 大力引进和培育国内外知名和有潜力的电子商务企业。

要占领"一带一路"未来发展的制高点,上海必须下大力气发展电子商务。上海不但要有具有国际规模的本土电子商务企业,还要吸引世界众多各具特色、规模和服务质量一流的电子商务企业落户上海,构建起"一带一路"最具规模、服务质量最好的电子商务平台。一是上海应吸引欧美国家最具世界规模和创新理念以及能力的电子商务企业在上海建立中国分公司,建立行业世界标杆,如美国电商巨头亚马逊将在上海自贸试验区设立国际贸易总部,通过"跨境通"平台,实现美国货物直邮中国。二是重点选择"一带一路"沿线国家和地区最有特色或规模最大的电子商务企业进行合作,鼓励他们在上海设立分支机构,如上海可吸引俄罗斯最大的独联体企业平台 Megagroup 落户上海自贸试验区,其对中国广阔的市场非常看好,合作的愿望很强烈。三是重点培育部分具有潜力的上海电子商务企业或吸引其他省区具有快速发展能力的电子商务企业落户上海,给予各方面的优惠政策和条件以鼓励其健康快速发展。四是同中国其他省区与"一带一路"沿线国家和地区有合作关系的电子商务企业合作,鼓励他们落户上海或建立上海分公司。如与新疆奎屯市的亚欧国际物资交易中心有限公司合作,它构建了中国首个面向上海合作组织成员国间多边贸易的第三方全流程电子商务交易和服务平台;还可与新疆克拉玛依市的国内首家云计算交易平台新疆中亚商品交易中心合作,它为新疆包括整个西部利用资源优势实现跨越式发展提供了模式支持,使传统的"西气东输"升级为"西数东输",并在行业内首次提出云经纪人的概念,为市场交易的规模化发展提供保障。五是与"一带一路"协调建立人民币跨境支付等业务,将产业、新媒体和金融服务等进行深度融合。上海电子商务平台的建设和模式创新,将在为中国企业抱团经营、与国外强势企业进行市场竞争、合作制订产业标准、影响全球信息产业发展格局、争夺世界产业话语权方面做出突破性的贡献。

2. 积极助推企业"走出去"战略

上海是中国吸收外资与对外投资合作的桥头堡,在推动企业"走出去"方面成绩卓著。2014 年上海对外直接投资总额 122.9 亿美元,实现了 185% 的同比增长,投资增幅位列全国第一。2015 年上半年备案的对外直接投资总额为 239.5 亿美元,同比增长 3.2 倍。主要涉及租赁和商务服务业、房地产业、批发和零售业、制造业,以及信息传输、软件和信息技术服务业等行业;主要投资地区除我国香港地区之外,以美国为主,大洋洲与欧洲等发达国家和地区也是上海企业对外投资的主要方向。上海企业走出去模式包括:(1)产业链、供应链上下游整合推动产业升级转型,如光明集团通过聚集国际资源和品牌深耕海外重点区域;(2)优化生产布局、开拓海外市场和转移富余产能型,如上汽集团通过布局全球生产研销平台打造自主品牌;(3)股权投资基金引领产业互动发展型,如复星集团通过嫁接全球资源实现双轮驱动;(4)利用行业经验的海外资源投资和基础设施建设型,如上海建工集团通过项目联动实现公司持续发展。

企业"走出去"是推动"一带一路"战略的应有内容之一。企业到了一定的规模,有必要到全球这个大市场去参与竞争,在全球范围内配置资源,提高运营效率。国际化是企业做大做强、转型升级的必经之路。"一带一路"给今后几十年国内企业的国际化带来了前所未有的机遇,创造更有利的外部条件。但是,企业海外运营,尤其是涉及"一带一路"相关国家的项目,受到方方面面的风险的挑战,包括自然风险、政治风险、社会风险、法律法规风险等。以税务风险为例,2015 年德勤公司做的一项针对大型企业管理层的调查显示,在问及参与"一带一路"项目过程中最大的税务方面的挑战时,90% 表示"对投资目的地的税收制度和征管实践较为陌生、海外项目税务风险较高";78% 认为"海外项目所在国对中国企业普遍监管严格";67% 认为"遇到项目当地税务机关的税务稽查或税务纠纷缺乏应对经验";55% 感觉"海外项目国税法变化频繁,中国企业及时获取相关信息的渠道较少";43% 的企业没有具有丰富经验的海外项目税务管理人员;69% 的企业没有完整的税务风险管理制度和专门的税务管理岗位。这说明相比国际上大型跨国公司先进而完善的税务管理制度和体系,国内大部分企业的状况仍存在较大差异。

因此,推动企业"走出去"参与"一带一路"战略,就政府而言,事先要做的一项工作就是为企业提供全面及时的信息服务。首先,"一带一路"沿线国家国情复杂,投资政策和投资环境差异性巨大,贸易壁垒仍然严峻,政府应当为企业提供权威有效的政策、法律类信息。这是目前企业需求最大也最为迫切的。其次,为企业境外投资提供指引的精准、专业化的行业投资信息,例如"一带一路"沿线国家支柱产业、基础设施投资或建设行业、能源矿产行业、土地及房地产行业和国际贸易行业等经济信息。再次,为企业发展决策提供参考的深度信息服务。相较于动态信息,企业更需要有深度、针对性强的综合信息分析,在掌握全面、及时、真实准确的信息基础上,为企业提供专业性与深度的定制报告或行业报告。

在此基础上,则应积极助推企业"走出去"形成合力。主要通过制定规划思路、营造政策环境、培育市场主体、构建服务体系,鼓励和支持企业走出去战略。具体包括:(1)不断简化政府审批备案程序并积极推动金融制度创新;(2)积极培育国有跨国公司,引导国有企业产业转型升级;(3)鼓励民间资本发展,推动全球资源配置,促进境内外投资基金在上海集聚发展;(4)加强对外投资合作公共服务体系建设,包括微信平台"走出去服务港"、上海走出去企业战略合作联盟、社会专业服务采购、跨国经营人才培养活动等。同时,就企业而言,在海外投资和拓展时,自身需要制定清晰的长期战略并对接集团整体的战略,避免冲动型投资或短期行为;加强对投资/建设目的地的政治、法律、税务、文化(宗教)等各类风险评估能力、防范能力和应对能力;储备懂得当地法律法规和文化又懂管理运营的国际化人才。

3.2.3 将贸易合作的成功经验由"局部"推向"全局"

上海在打造"一带一路"局部区域的贸易合作结点方面已有成功经验,以中国—东盟自由贸易区为例。上海作为改革开放的前沿城市,自上世纪 90 年代浦东开发以来,保持了十余年经济高速增长,已经成为中国乃至东亚地区最具活力的经济增长点。泛上海都市圈是中国三大经济增长区域之一,这一区域也是目前最具活力的经济增长带。上海作为这一经济区域的龙头,其中心辐射作用相当重要。对外来讲,上海是亚太地区的国际中心城市,在中国—东盟自由贸易区的建设过程中有着不可替代的经济区位优势和空间经济结构优势;对内来讲,上海是长三角地区的龙头,它与长三角地区的城市一起组成了当今中国最具活力的经济带。因此,我们不难看出上海的经济区位作用已经不仅仅在于长三角地区,从更大层面上来讲,可以辐射全国乃至整个中国—东盟自由贸易区,这实际上等于为将来辐射整个"一带一路"沿线打下了良好的基础。

中国—东盟自由贸易区的建立为上海国际经济中心的建设提供了历史性机遇。目前,中国是东盟的第六大贸易伙伴,而东盟则跃升为中国的第四大贸易伙伴。在中国—东盟自由贸易区的建设阶段,上海的重要地位是不容忽视的。上海在中国的地位与纽约在美国所处的地位和基本特征十分相似,它同时也具有像东京和纽约那样的口岸条件和腹地市场。对内可以带动长三角乃至长江流域的发展,对外是中国对外开放的窗口城市和转口贸易中心。按照上海目前的经济总量和增长速度来计算,到 2020 年,上海可以仿效东京的模式成为与香港和新加坡并列的国际贸易中心。因此,在中国—东盟自由贸易区的建设中,上海的重要性是不容忽视的。目前,中国—东盟自由贸易区的建设进入了实质性的阶段,双方互相给予关税减让和贸易优惠政策。

以上所论的上海和东盟的关系经过扩展,即为上海引领的长江经济带和"一带一路"的关系。总体上看,"一带一路"覆盖的欧亚地区占了世界一半的人口、资源和经济总量。当前上海引领的长江经济带占了中国一半的人口、资源和经济总量,上海携长江经济带参与到"一带一路"建设之后,使这两者结合起来,有助于打造"一半对一半"的大开放格局。

以上海为龙头的长江经济带与"一带一路"的对接必将使得这种合作潜力不断释放并取得实际的成效,从而加快亚欧大陆经济一体化进程,促进中国中西部地区的产业升级,也会间接影响到上海的产业再升级。一方面,上海的资源特点与城市功能决定了上海今后产业发展的走向是产业价值链高端化。2014 年上海第三产业产值比重为 64.8%,比发达国家国际化大都市的水平低了近 11 个百分点。上海产业结构调整的任务十分艰巨。同时,上海经济增长和结构调整仍受到商务成本日渐提升、老龄化程度过高、土地资源稀缺、科技成果转化率低等不利因素的影响。另一方面,中国不同区域经济差异仍然明显,中、西部地区仍面临实现跨越式发展的重任。推进中国中西部发展,不仅要靠国内东、中、西部地区区域间的产业带动,也要充分利用中西部地区的自身发展动力,及其独特的地缘政治和地缘经济特性。

促进东部产能向中西部的转移,可以有效发挥中西部地区的优势与域外国家开展合作并实现产业融合。上海积极参与"一带一路"建设将会给长江经济带其他地区和城市的产业升级和产业转移带来促进作用,相应地也同时实现了上海自身的产业再升级。

"一带一路"是中国践行新外交理念,寻求实现与周边国家互惠合作、互利共赢宏伟战略构想的有效途径。通过上海贯通内陆以及"一带一路"的发展通道,必将开启上海与国际国内新一轮更广阔、更深入、更紧密的合作,欧亚经济体之间的贸易、金融和经济关系也必然得到加强。因此,上海应着力将自身打造成为对接"一带一路"的国际和区域合作机制的平台与联接点,同时也成为国家级战略构想的平台。

3.3　推动国际航运中心的转型升级

对接"一带一路"建设,需要深入贯彻实施建设上海国际航运中心的国家战略,加强针对性的港航基础设施建设,营造具有国际竞争力的航运发展环境,促进各类航运市场主体充分发挥作用。与"丝绸之路经济带"相对接,需要以陆桥过境通道和海铁联运为载体,打造通往国内内陆地区、中亚、西亚、欧洲地区的新的国际物流大通道。借助"自贸区"政策以及"一带一路"战略中的重要地位,从高端航运服务业、信息化、电子商务等方面转型升级,促进国际航运中心由"交通运输枢纽"向"全球资源配置枢纽"转型升级。

3.3.1　对接"一带一路",加强海铁联运,巩固枢纽港地位

上海港要建成辐射"一带一路"的国际性航运中心,保持集装箱运输的通畅是不可或缺的前提条件。随着各港口集装箱吞吐量的不断增大,集装箱货物时效性要求不断提升,完全或过分依赖某一种方式的运输结构将造成港区后方综合运输系统的稳定性减弱,甚至影响整个城市的交通运输系统,造成道路拥挤。同时,集

装箱在中国已进入蓬勃发展时期,并向国际化、标准化方向不断迈进,这就要求集装箱多式联运各环节协同运作,从而满足市场和货主更加严格、多样化的需求。目前,上海港集装箱运输存在的最大问题是运输方式结构不合理,运输方式可替代性较差。鹿特丹、汉堡和安特卫普等国外集装箱港口,其公路、铁路、水运集装箱运输比例一般在 60∶20∶20 左右,而上海港的集装箱运输有 80% 以上是通过公路运输方式完成的,铁路运输比例小于 1%,给港口所在区域的公路系统带来了很大的压力,也是造成公路交通紧张的原因之一。此外,从运输系统稳定性角度考虑,发展铁路运输十分必要。从环保方面考虑,铁路运输对环境的污染比公路运输小很多。因此,无论从经济效益、运输系统稳定性,还是从环境保护等角度考虑,发展海铁联运是改善港口集装箱运输方式结构的需要,是优化集装箱运输方式结构最有效的途径之一。

海铁联运是海运部门和铁路部门相互配合的集疏运方式,铁路、港口、货代公司、船代公司应密切配合,建立海铁联运模式,实现互利共赢。海铁联营可以使各联营企业共享运输资源、信息资源,减少中间环节,降低物流成本,增强企业的市场竞争力。同时,海铁联运是集装箱港口拓展货源腹地范围、降低中西部地区外贸进出口运输成本的需要。目前,国内集装箱港口运输主要集中在环渤海地区、长江三角洲地区和珠江三角洲地区,而各区域内每个集装箱港口的货源腹地均存在交叉或重复,依靠现有的"集疏运"运输方式难以进一步拓展港口自身的经济腹地,必须抓住国家西部大开发的时机依靠铁路集疏运方式尽力向广大内陆腹地扩展集装箱业务。近年来,上海港把触角伸到了安徽、河南、陕西、湖北、江西以及新疆等地区,发展海铁联运。此外,随着中西部地区外贸进出口的不断发展,其外贸集装箱生成量增长迅速,大部分通过公路运输到沿海地区的大型集装箱港口后再运至海外。由于中西部地区距离沿海港口均较远,公路运输明显成本较高,且长途运输安全性较低,大大增加了货主的物流成本。而海铁联运具有快捷便利、安全可靠、手续简化、价格经济的巨大优势,目前中西部地区多家出口企业已有将原来公路集装箱卡车运输改为海铁联运方式出口货物的规划。随着海铁联运硬件和软件设施的不断完善,中西部地区的出口企业对海铁联运的需求将越来越迫切。

但是,上海港海铁联运发展现状与"一带一路"沿线的一些集装箱港口比较差距很大。如欧洲第二大集装箱港口——汉堡港,所处理的集装箱中 1/3 是通过海铁联运,而在距离大于 150 公里的集装箱运输中,海铁联运量更是高达 70%。应该说,汉堡港之所以能在欧洲港口激烈竞争中处于优势地位,海铁联运功不可没。上海港海铁联运滞后的主要原因在于:(1)管理体制问题。铁路集装箱运输的管理体制还未摆脱计划经济模式,仍然是统一指挥、高度集中,机制不灵活;铁路货运代理发展缓慢,服务意识不强,对市场需求反应迟钝,信息沟通不畅;地方条块分割严重,协调困难,造成了铁路集装箱运输的整体服务水平较低,运输服务质量达不到要求。(2)铁路运输能力限制。目前,上海对外铁路通道仅沪宁、沪杭两条双线铁路,上海港集装箱海铁联运通道南、北方向所经铁路分别为:沪宁线—津浦线—陇海线、沪杭线—浙赣线,目前这些线路主要区段利用率接近或超过 100%,运能处于全面饱和状态。在通道能力普遍紧张的情况下,客货运输与集装箱运输间矛盾突出(见表 3.3)。处于紧张状态的铁路运输通道能力制约着集装箱班列的开行,且运能供给的阶段性不足也影响了班列开行的稳定性,限制了上海港集装箱海铁联运运量的提升。(3)海铁联运过程中的集装箱使用费未能合理解决。进行海铁联运的机车、车辆和集装箱主要属于中国铁路总公司,港口开展海铁联运,势必会出现船公司和铁路部门之间的集装箱使用问题。而船公司使用自己的集装箱到内地海铁联运办理站装货然后运到世界各地,不但集装箱使用费用高,而且周转时间较长,海运旺季船公司在没有大量集装箱空闲时不会进行海铁联运运作。

表 3.3 目前上海港集装箱海铁联运所经铁路通道

方向	运输腹地	相应节点	现有通道	通道现状
往北	河南、陕西、四川	郑州、西安、成都	沪宁线—津浦线—陇海线	沪宁线是全路最繁忙路线之一;沪宁、津浦、陇海线运能均已饱和
往南	江西、湖南	南昌、长沙	沪杭线—浙赣线	沪杭、浙赣线运能均已饱和

此外,中西部地区集装箱进出口箱量也不是十分稳定。目前,上海港仅与中西部地区集装箱生成量较大的城市之间开展海铁联运,由于生成量规模不大,各代理公司只有通过激烈的竞争才能获得较大的箱量,导致进出口箱量极不稳定。从上海港开展海铁联运的现状来看,海铁联运空箱回空时效性难以保证,重箱到达内地的目的地后,铁路车站"回空"延时较长,不利于船公司的运作。此外,中西部地区

进出口箱不平衡,出口箱大于进口箱,由于铁路沿线缺乏集装箱场站,需要从港口向中西部地区单程派空车,导致船公司的集疏运成本上升。

为了应对以上问题,一是需要加快港口基础设施建设,以适应海铁联运的需要,确保港口后方的集疏运通道畅通。在集疏运体系方面,上海应推进港口设施和空港设施建设,加快优化港区布局和码头泊位结构,支持和鼓励航空货运相关企业建设航空货物集散和转运枢纽。推进集疏港交通设施建设,包括推进建设连接长三角主要沿海港区的高等级航道网络;加强公路的建设和管理,建设连接主要港区、空港、铁路站场、产业园区、物流基地、货运枢纽的陆上集疏港公路路网体系;推进建设铁路疏港支线及联络线。在规划物流园区或集装箱场站时,要充分考虑物流的集疏运通道,充分利用铁路的优势,提高铁路运输和海铁联运能力。同时要加快科技创新,以信息化促进海铁联运。当前上海口岸集装箱海铁联运技术设施薄弱,作业能力远不能满足大量中转的需求。因此,应加快科技创新,如制造专用车辆、集装箱双层列车等,提高集装箱海铁联运作业能力。一方面要把海铁联运信息管理纳入口岸信息管理系统,加强与海关、检验检疫等部门的联系,优化集装箱海铁联运软环境;另一方面要建设现代化的集装箱铁路车站及港站,使铁路设施能满足大规模海铁中转的需求。今后,在建设新的集装箱港区时,应注意铁路设施的配套。

二是改革运价政策,提高海铁联运市场吸引力。运价是吸引箱量的关键之一。由于中西部地区进出口货源的附加值相对较低,因此,运价对集装箱运输方式选择的影响更大。建议规范公路收费和治理公路汽车运输超载,将中长距离集装箱运输从公路转移到铁路;改革铁路货运价格结构,促进货物由整车运输向集装箱运输转移;改革现行的铁路运价调整机制,授予中铁集装箱公司更大的运价调整权,使其能够及时根据市场的变化调整运价与其他运输方式竞争。中央应重点扶持上海港的海铁联运业务,对中西部地区班列运输实行运价下浮政策;对于短距离大运量的地区(如温州、义乌、常州),应给予较大的下浮幅度,以利于和公路运输竞争。

三是建议中央政府加强以下几方面工作:国家发改委出台综合运输政策,鼓励和支持海铁联运发展;对中西部地区海铁联运实施补贴制度,将这项制度列为开发中西部的政策措施;加大公路运输监管力度,严格限制公路超载现象;调整铁路集装箱运价形成机制和货运运价结构,提高集装箱海铁联运的市场竞争力。建议上海市政府有关部门采取措施推进海铁联运业务,逐步提高铁路在上海港集疏运量中的比重;借鉴其他省市推进海铁联运的经验,成立市级的海铁综合协调部门,挂靠市建设与交通委员会;规范海铁联运各参与方的行为,特别要杜绝利用市场垄断地位乱收费的现象;扶持海铁联运代理企业做大做强。

3.3.2　强化航空航运对提升上海国际航运中心能级的引领作用

继海运、河运、铁路、高速公路之后,航空运输正在成为影响新一轮全球经济发展和分工格局的"第五冲击波"(卡萨达,2013)。在经历了 10 多年的高速发展,上海围绕航空枢纽建设目标,浦东、虹桥两场(以下简称两场)的基础设施和地面综合交通体系初步建成,上海枢纽航线网络和基地航空公司战略转型构架基本搭建,航空配套服务保障尤其是货运物流业务增长迅速,实现了国际航运中心建设的快速发展。上海航空港已经逐步实现了从单一运营服务保障功能,向复合型、网络型的多功能枢纽机场转变,迈入了新的发展阶段。尤其是 2014 年 9 月正式启动的上海自贸试验区建设,对人流、物流、资金流、信息流的集聚效应显著,对交通的时效性和便捷性要求更高,需要一个成熟航空港的保障和服务支撑,对上海机场的硬件设施和软件环境提出了更高的要求。预计到 2020 年,上海两场的年旅客吞吐量将达到 1.2 亿人次、货邮吞吐量将达到 570 万吨。未来,上海两场将从机场设施改扩建和软件服务能级提升着手实施与自贸试验区的对接,加快推进上海航空枢纽建设,助推上海国际航运中心建设,不断完善上海空港城市服务能级。

但上海与一流国际航运中心仍存在差距,许多问题和矛盾日益突出,表现为以下几个方面:(1)空域资源紧张,矛盾日益突出。例如,高峰时刻容量不能满足航空枢纽建设,因流量控制而引发的航班延误问题凸显。(2)地面配套保障能力有待提升。目前,浦东机场约 60% 的货物来自江浙,大部分货物仍需要通过地面交通运输方式先运到机场。虽然近几年两场地面交通体系建设得到了快速发展,但仍存在两场间交通以及与长三角的衔接不便问题。尤其是浦东机场旅客往来虹桥综合交通枢纽地面时间过长,旅客乘坐地铁 2 号线前往浦东机场需要在广兰路站换乘,且车次较少、全程时间较长,非常不便,这也对地面配套交通体系的集散能力提出了很高的挑战。(3)综合服务管理水平仍存差距。近几年,随着飞机起降和客、货运吞吐量三大指标的不断增长,上海机场的配套硬件设施已经达到国际先进水平。但机场、航空公司和相关运行保障单位在服务水平、管理能力、综合人力资源等方面与世界先进枢纽机场相比,还存在一定差距,迫切需要加强和提高。航空专业技术人员以及企业经营管理人才、信息技术人才的不足,制约了上海航空枢纽的建设和发展。因此,除了追求规模、数量和排名以外,上海迫切需要在政策环境、机制体制、资源管理、人才培养、信息服务等方面实现质的改变和软实力的提升。当前,上海航空运输的发展面临重大转折。一方面,快速发展下的激烈竞争和紧张的空域条件使得上海航空港自身的深层次结构性矛盾更加突出,过多依赖三大指标的自然增长、半垄断的行业发展模式已经难以为继,必须以市场和需求为导向,转变经济发展方式,实现业务的全面转型;另一方面,后世博时代上海经济、金融格局调整以及迪士尼和自贸试验区所带来的机遇,又为上海航空运输全面提升产业能级、转变发展方式、实现新的跨越提供了可能。

"十三五"时期,是加快推进上海航空枢纽建设最关键的转型期,也是最有利的发展期和变革期。当今的机场已经不单单是传统意义上的旅客和货物位移场所,更不只有快进快出这一项交通集散功能,机场已经逐渐演变成为航空枢纽导向下的航空总部集中、航空产业集聚、航空资源配置、航空要素交易的一个巨大平台。从作业型和劳动力密集型,向资源配置和要素集聚的现代航空服务业转型,这正是上海国际航运中心建设的方向和内核,也是上海创新驱动、转型发展的具体体现。为此,上海应坚持"一市两场"功能定位:以浦东机场为主,建设国际复合型门户枢纽,重点提升浦东机场枢纽核心竞争力,加快构建枢纽航线网络和航班波;虹桥机场在枢纽结构中发挥辅助作用,以国内点对点运营为主,通航少量的国际包机和地区航班,同时,承担城市和地区通用航空(如公务机等)运营机场的功能。在此基础上,逐步由注重基础设施建设转入提升基础设施能力与发展服务软环境并举,提升上海航空运输整体服务能力和产业能级,努力把上海机场建设成最具吸引力的亚太核心航空枢纽,更好地服务长三角,服务全国,服务"一带一路"。

就浦东机场而言,随着自贸试验区建设的深化,上海国际旅游度假区、迪士尼的建成投运,未来五年内浦东机场将成为一个年旅客吞吐量达到 8 000 万人次的世界级航空枢纽。当下,浦东机场两座航站楼近 70 个停机位、4 000 万人次的客流保障能力已经无法满足今后庞大客流的需求。预计到 2020 年,浦东机场年货邮吞吐量将突破 470 万吨,中转比例将从目前的 5% 提升到 15%。规划在浦东机场第 4、第 5 跑道间设计的货运处理功能区,将用于货站、空空中转集拼中心、空地分拨集散中心等货运功能区的建设,为自贸试验区的航空货运发展预留空间。并且,配合海关、检验检疫共同在自贸试验区建设的平台上推动监管模式和监管制度创新,支持机坪直转、集拼中转、转运中心监管办法制订,建设浦东机场货运信息平台,实现国际航空运输通关便利化,更好地服务于上海国际航运中心和自贸试验区建设。

以虹桥机场而论,作为一个有着 90 多年历史的老机场,虹桥机场见证了上海乃至中国民航业发展的历程。但随着虹桥商务区的开发建设和虹桥综合交通枢纽的投入运营,虹桥机场的部分功能已经不能适应区域发展的格局和要求,尤其是T1 航站楼所在的机场东片区,功能形象落后、基础设施老化、资源价值低估等,综合改造迫在眉睫。未来,急需将 T1 航站楼改造成为满足"两国三地"旅客服务功能为前提,对虹桥机场东片区进行"脱胎换骨"式的综合改造,实现航空服务品质和航运商务功能的全面提升。目标应确立为将虹桥东片区逐步建成现代航空服务业集聚区和示范区,推动虹桥机场成为领航国际交流、集聚航空资源配置功能的最佳商务型城市机场。可考虑囊括三个方面内容:一是对 T1 航站楼的系统性改造,完善建筑功能、优化服务流程,以满足航空运输业务的发展需求;二是以 T1 航站区为核心,分阶段实施周边区域的综合改造,逐步将东片区改造建设成为集聚航空总部、航空要素交易、航空资源配置和航空产业延伸的场所和平台;三是对区域市政基础设施进行系统改造,完善道路交通体系,升级改造雨、污水管网系统和水、电、气供给系统,推进"三网融合",打造智慧空港,提升区域能级。

当然,上海通用航空的发展也是上海航空枢纽建设的重要组成部分,特别是公务机市场快速发展。2015 年,上海两场起降的公务机已超过 4 300 架次,占全国的1/3,未来预计将以每年 15% 的增幅增长。除了现有的公务机 FBO 基地外,还需着力拓展和延伸公务机产业链,培育公务机从销售、托管、运营、维护、金融、保险等配套服务功能体系,并为未来发展预留用地,以满足快速发展的公务航空市场需求。

总之,站在新的历史起点上,需要的是变革和转型。应该打破固有的思维瓶颈,尽量多地借鉴航运(海运)业务和现代航运服务体系建设已有的成功经验和成熟做法,尽可能地与周边区域协作联动实现共同发展;应该从航运中心建设和航空枢纽建设的完整体系出发,充分发挥自身的核心竞争优势,缩小与全球领先标杆机场的差距,打造浦东国际枢纽和虹桥国内枢纽的"一市两场"枢纽体系新形象;更应该有超越航空、超越上海的气魄,站在亚太地区一体化和推动"一带一路"建设发展的高度,系统性、前瞻性、创造性、突破性地谋划上海航空港的可持续发展,真正实现从数量到质量、从规模到能级、从航空枢纽到航运中心的全面提升。

3.3.3 发展高端航运服务业,满足"一带一路"的高端航运需求

在航运市场,上海具有的优势是一种天然的禀赋,而且目前上海在港口的硬件条件以及港口的运输能力上已经具备了较大的竞争优势,希望通过提高港口硬件条件来提高上海国际航运金融中心的竞争力,其效果边际递减,而成本递增。但由于上海目前在航运服务市场刚刚起步,反而可以发挥后发优势,航运服务市场的发展能够给上海带来显著的边际效益,因此如果能够采取有利的政策支持航运服务市场的发展,就能够较快地提高上海国际航运中心的建设步伐。

表 3.4　现代航运服务业的组成

层　　次	业务范围概述	服　务　内　容
上游服务	非航运直接经营业务	为航运企业提供船舶建造或购买融资;港口基础设施建设项目投资担保;船舶航行过程中的海事法律咨询与海事仲裁;国际性航运交易;航运船舶及相关设备的法定检验;海上航行技术规范制定等
中游服务	与航运直接相关的经营业务	国际中转贸易运输;大型国际邮轮进出港服务;国际航线船舶中途进出港维修与保养;为各类进出港船舶提供船舶拖带等
下游服务	以码头经营为主的港航业务	货物装卸、仓储运输、货运代理、船舶供应;船舶废油与含油污水处理;船员劳务外派等

关于航运服务业的研究,一般将其划分为上、中、下游,如表 3.4 所示。高端航运服务业一般是指航运服务的上游产业,主要包括航运金融、海上保险和航运咨询服务等内容,属于航运高附加值产业。上海与其他高端服务型国际航运中心城市

之间的差距也是明显的,在国际航运中心的基础条件、空间条件、功能条件以及金融条件上都存在不少的问题,其中突出的表现就在于在航运相关服务能力上与发达的国际航运中心存在较大的差距。国际与国内航运企业以及进出口企业选择使用哪一个港口一方面取决于港口的地理优势、效率和运输价格,另一方面,在相同的港口地理优势和硬件条件下,影响国际与国内航运企业选择的主要因素就是港口城市提供航运服务的能力。港口地理优势和硬件条件对于航运企业选择的影响是刚性的,而航运服务条件对于航运企业选择的影响则更有弹性。"一带一路"为货物进出提供了物流通道,加强了与沿线国家的贸易关系与贸易往来。两者的结合有助于货物、资金、信息、企业向国际航运中心聚集,产生航运金融、保险、咨询高端航运服务的需求。因此,上海必须根据航运中心发展的经济规律明确自己的定位,采取恰当的支持政策,实现国际航运中心服务业建设的跳跃式发展。

首先,完善政策法制环境。政策法制是高端航运服务业发展的重要保障。高端航运服务业发展更需要建立一整套规范的政策、法律法规体系,以规范航运服务业市场发展,特别是在高端航运服务业发展全球化一体化的趋势下,客观上更需要符合国际惯例的政策法制环境。同时,也要对高端航运服务企业和项目实施财税、政策扶持。比如通过优惠政策努力争取伦敦、新加坡和香港等地航运金融和保险机构在上海市开设分支机构;积极争取外资航运金融、法律和保险机构地区总部、业务总部等落户或移至上海;鼓励国内已有的金融、法律和保险机构进入航运服务领域,并将其总部、业务总部、资金运营总部和区域总部以及数据处理中心等落户或移至上海。政府对航运服务业集群内各行业的行业政策要具有同步性和相互适应性,协调好航运服务业集群内的行业分工、协作和集聚,消除不同部门之间的行政分割和障碍等。加快完善高端服务业法律法规体系,及时清理制约高端服务业发展的不合理法规,加快制定和完善促进高端服务业发展的规章制度。

其次,在航运服务市场,上海应该采取优先发展航运金融市场的支持政策。航运金融市场连接了航运市场和金融体系,航运金融市场的发展通过满足航运企业的金融需求支持了航运业的发展,而航运金融市场的产品和服务供给又拉动了金融体系的发展。与此同时,由于航运金融产品和服务同时反映了航运企业和金融机构对于降低成本和控制风险的共同需求,因此,航运金融市场发展所需要的市场条件和制度条件恰恰就是航运业和金融体系发展所需要的市场和制度条件。从这个意义上讲,支持航运金融市场发展的政策就能够同时推进航运市场和金融体系的发展,这也是国际航运中心与国际金融中心城市往往具有同一性的根本原因。实际上,上海与发达的高端服务型国际航运中心的差距主要就表现为航运金融市场的规模和水平差异,上海两个中心建设的短板首先就是金融中心建设的水平相对落后,其核心是上海的金融机构缺乏满足航运企业金融需求的能力,市场环境和制度环境不能满足金融机构有效获取信息、降低成本和控制风险的需要。因此,上海建设国际航运中心和国际金融中心的核心和关键就在于采取恰当的政策优先支持航运金融市场的发展。

采取有效的政策支持航运金融市场的发展,必须根据航运企业和金融机构的需求特征,深入分析航运金融市场发展所需要的市场和制度条件,优化上海的市场与制度环境,从而降低航运金融市场的交易成本,激励金融机构不断创新产品满足航运企业的需求,实现航运金融产品的超前发展;而航运金融市场的超前发展,又能够吸引航运企业利用上海金融机构提供的产品和服务来满足其金融需求,实现航运企业和机构在上海的集聚,航运要素的集聚所带来的需求增加又进一步形成金融机构集聚和产品创新的动力;而航运要素和金融要素的集聚过程实际上就是上海国际航运和金融中心的建设过程,也是推动上海的市场环境和制度环境不断成熟和完善的过程。因此,上海国际航运和金融中心建设的关键是采取有效的政策推动航运金融市场的超前发展。

第三,加强上海部门间的沟通和协作。主要包括:(1)金融部门和航运部门加强沟通。由于长期以来中国金融市场和航运市场各自独立发展,仅仅存在业务层面的沟通。为了保证航运和金融的相互促进和协调发展,有必要在上海市级政府层面和国家层面建立和完善协调机构和机制。成立由上海市负责航运、金融等的政府部门、在沪相关金融管理部门以及有关航运企业组成的联合工作机制,定期交流信息,研究航运和金融"对接"工作。打破以往的条块分割的局面,协调推进上海航运金融的发展,促进上海高端航运服务业的发展。(2)推进区域统一港航信息平台和航运金融、保险等各类信息平台建设。加快建立金融系统客户信息和一行三会的信息联网,建立航运险电子商务平台。平台的建立,使得相关部门及单位可以在网上对航运企业的信用、抵押、贷款等情况进行了解和监管以及信息共享;在保险上实现从核保到理赔的全部程序,包括投保、承保、交费、出单、批改、报案、查询、立案、核赔等，既可避免开口合同的错漏和失控，也可以为货运险提供安全、快捷的操作方式。例如，在航运中心营商环境建设方面，上海 2016 年开始在国际航运中心建设中全面推广自贸试验区外商投资准入负面清单管理模式，建立航运管理权力清单和责任清单。市交通等行政管理部门应当按照精简、统一、效能的原则，建立行政审批、政务公开、便民服务、投诉受理等为一体的行政服务中心，方便航运企业开展办理相关业务。上海还应支持海事、海关、检验检疫、边检等部门在上海港口全面实施监管制度创新，简化通关程序，全面推进通关便捷化、信息化和通关一体化建设。

第四，加强高端航运服务人才的培养和引进。发展高端航运服务业需要的是既具备航运专业知识，又具备金融、保险或是法律等知识的复合型人才，目前在上海高校中只有上海海事大学开设海商法专业和航运金融专业（其中航运金融专业开设不久）。而既具备这方面知识又具备高端航运服务业实践经验的人才更少，国内也不多。因此，政府有关部门要重视高端航运人才的教育培养工作，不断提高相关高校的教学水平和教学规模，提倡高校开设类似专业，通过政策引导和资金投入促进高端航运服务业人才的教育和培养。此外，积极构建宽松的人才引进环境。调动各方力量，在住房、医疗、户口等方面，强化人才奖励和保障制度。努力形成人才引进、培养和保障机制，增强高端航运服务业发展的智力支持。利用相关政策，引进一批在伦敦、纽约、东京、新加坡等国际航运中心有工作经历，既懂金融又懂航运的海外高级人才，加快上海高端航运服务业人才高地的建设。

3.3.4　借力"一带一路"，推动航运企业"走出去"

目前国内航运市场总体上处于供大于求的状态，"走出去"对航运企业同样具有重要意义。"一带一路"的开通将使中国与中亚、西亚、非洲地区贸易往来增多，港口企业向这些国家投资建设，能够充分利用"一带一路"政策优势，优化港口资源配置。航运企业向中亚、西亚、非洲地区扩展，可以将剩余的运力输出，既有助于中国航运市场的复苏，又能够促进国际航运中心的服务贸易输出。因此，上海将围绕海洋运输，鼓励海运企业依托上海港口开辟覆盖全球的海运航线，建设规模适度、结构合理、技术先进的专业化船队；支持海运企业与大型货主、港口企业开展联营合作,引导和鼓励符合条件的民营企业进入海运业。航运企业不仅要"走出去",而且要"立住脚";不仅要在营销等环节走向国际,而且要以企业自主品牌、全方位走入全球市场,提供全球产业链服务。

1. "走出去"应以提高核心竞争力为目标

当今世界著名的跨国公司,虽然主营领域各不相同,成长途径千差万别,但都有一个共同点,那就是它们经过长期积累和不断努力,都拥有自己的核心竞争力。所谓企业核心竞争能力应具有三个特征:第一,有明显的竞争优势;第二,具有扩展应用的潜力;第三,竞争对手难以模仿。核心竞争力的强弱,决定了一个企业在市场竞争中的地位和命运。中国企业同世界著名跨国公司的主要差距究其根本就在核心竞争力的缺乏和薄弱上。

提高核心竞争力与目标市场的选择有关。目标市场是一个完整的市场体系,在给定的条件下,目标市场所创造的市场机会不完全相同,因此,要进行对外投资、从事跨国经营的企业在实际进入目标市场时,仍然面临一个目标市场的深度选择问题。在当前条件下,并不是所有被考虑的目标市场都必须进入,企业应该根据其全球化经营战略和其当前及未来经营发展的需要,深度选择那些在当前和未来具有最大利润增长潜力的市场。基于此,在鼓励上海的航运企业走出去时,应该以有助于提高核心竞争力的市场作为首选进入市场。

提高核心竞争力又跟主业的选择有关。企业存在的意义就是为顾客创造价值,而一个企业并不能在所有领域都有效地为顾客创造价值,进行对外扩张的同时,企业应该清楚地认识到有些事情可以做,有些事情不可以做,其他企业能做的本企业不一定也能做,甚至本企业有能力做好的事情仍然不能去做。中国大型航运企业的核心竞争力,就体现在首先突出航运和物流主业;然后发展主业的综合竞争力,这又主要体现在横向发展集装箱、干散货、油轮和特种运输等几大船队的综合竞争力,以及纵向发展从航运向两端物流延伸的、全球范围的供应链整合竞争力。虽然一些大型的跨国航运企业对外投资的领域十分广泛,但国际化程度还相对较低的中国航运企业在进行对外扩张的同时仍要坚持以提高企业主业的核心竞争力为目标,以"调整、巩固、提高"为产业价值链调整优化的方向,保持和扩大船队的合理规模,提高船队的盈利能力;对航运相关产业进行全球范围内的整合,大力发展现代物流业;同时优化发展陆上产业,切实实现围绕航运、物流产业重点的适度相关多元化经营。

2. 走出去应该生产和资本的国际化并重

资本国际化促进生产国际化,而生产国际化又加速资本国际化的进程。产品、服务的国际化(进入国际市场),资本运作国际化(进入国际资本市场)是企业最具根本意义上的国际化和全球化,生产经营要走出国门,资本经营更要融入全球。因此,为了更好地参与"一带一路"建设,航运企业也要尽快实现资本国际化。根据航运业资金密集、回报期长的特点,国内航运企业可以通过"境外上市"和"船舶融资租赁"途径进入国际资本市场。

就境外上市而言,事实上,这方面中国航运企业已经处于较高的水平。国内航运巨头中远集团已经控股(或主要参股)经营境内外中国远洋、中远太平洋、中远国际、中远投资、中远航运、中集集团、招商银行等 7 家上市公司。其中,境外有四家上市公司,其中两家为蓝筹股。这些案例为今后上海航运企业走出去提供了成功的经验。以船舶融资租赁而论,随着经济全球化进程的加快,集融资和专业化服务于一身的融资租赁,成为继银行、证券市场以外极为重要的企业资金来源。目前,在欧美发达国家,现代融资租赁已成为仅次于银行信贷的第二大金融工具。近些年,海运市场日益繁荣,航运企业更新和扩大船队所需的资金量也越来越大,远洋船舶融资租赁作为比传统的贷款买船更为经济的一种融资手段,正逐渐成为船舶融资领域中的一种重要方式。例如,中远集团通过在英国的独资公司与欧洲财团合作进行船舶融资租赁,在不增加集团负债的情况下,有效增加了运力。从 1992 年至今,中远通过境外船舶融资租赁累计增加运力近千万载重吨,实现了船队规模的迅速扩大和船队结构的调整优化。

3. 以"供应链"的集群方式参与市场竞争

当今跨国企业发展的一个重要特点就是形成各种类型的战略联盟,实际上,这些战略联盟就是一种国际产业分工和协作网络。一方面,在经济全球化、一体化的时代,企业在某一行业领域如果不能在市场竞争中位于前列,最好的出路就是将自己纳入国际分工和协作体系之中,只有如此,才能借助已有的国际信息、资源流通网络,最快地融入跨国经营的大潮中去。另一方面,由于国际专业化分工与协作的发展、科技的进步、互联网的普及等经济技术因素的发展,无论多么有实力的企业,想要在世界市场上取得成功都离不开与其他企业的合作。这种联盟已不仅仅局限在相同的行业领域,而扩展到产业链的上下游,真正形成了一个分工协作网络,是一个庞大而高效的国际化商业链条。对于从事跨国经营的国内企业来说,多数都缺乏成熟的国际市场运作经验,如果能够借助已有的国际产业分工和协作网络,将大大减少经营活动的摩擦和成本。因此,除了要去国外发展的本国企业,与其他国际企业结成跨国战略联盟也是一个很好的发展策略。

跨国航运公司随着全球化链条加速进入中国市场,国内航运企业也可以借鉴同样的方式走出去。伴随着"一带一路"战略的推进,越来越多的本土大型制造企业到"一带一路"沿线地区进行投资生产,致力于开拓国外消费品市场,上海的航运企业可以把握这个机会,与这些制造企业结成战略联盟,以整个"供应链"的集群方式参与国际市场竞争。因此,航运企业应当健全物流服务网络,在企业组织结构、服务内容、经营模式上迎合中国跨国制造企业生产与经营的需要,与产业链上下游的企业结成联盟,担当起"一带一路"承运人的良好角色。

3.3.5 协调合作,增强与国内外港口的互联互通

上海国际航运中心应该通过参股、联营等方式增强与国内外港口的互联互通,形成利益共同体,共同参与国际航运中心的竞争。上海国际航运中心的建设必须着眼于为上海、长三角、全国乃至"一带一路"沿线的港口建设、航运业务发展、船舶制造产业发展、物流产业、油轮产业等制造和服务产业发展提供服务,尤其是为中小航运企业提供服务,这是上海建设国际航运中心的竞争优势,也是上海国际航运中心参与"一带一路"建设的需求基础。

上海国际航运中心建设具有的优势条件就是上海具有较好的腹地经济条件以及长三角地区存在港口集群城市,如何利用这种优势,是上海国际航运中心建设的重要内容。因此,现阶段上海航运金融市场应该以长三角以及全国提供航运服务作为主要目标,以航运服务市场作为整合长三角港口集群、进一步发挥上海腹地经济优势的切入点。需要避免的是,由于地方政府发展目标的差异以及地方政府之间协调的困难,导致上海和长三角的其他港口城市之间较难发挥集群的规模经济优势,反而有可能发生港口之间的恶性竞争。在现行的地区经济关系的条件下,成本最低、效率最高的方式是利用市场主导的地区分工优势。不同地区港口的地理

禀赋差异是给定的,能够运用的税制和其他制度手段也是有限的,相对而言,最显著的地区分工差异在于服务业发展水平的差异。相对于长三角其他地区,上海在服务业发展水平上具有显著的领先优势。因此,上海应该利用这种优势条件,不断降低其他地区的航运相关企业在上海获得航运服务的成本,甚至可以给予长三角地区航运企业一定的优惠条件。

这样,通过航运服务市场的发展,以航运服务市场作为纽带,利用市场机制加强长三角其他地区的港口城市和上海之间的关联度,优化上海与长三角其他地区港口城市的分工与合作,把长三角地区港口集群优势转化为上海国际航运中心建设的国际竞争力。在此基础上,上海国际航运中心将进一步辐射到"一带一路"沿线,能够吸引国内外更多的航运企业使用上海航运服务市场的服务,而外部需求的增加又会进一步促进上海航运服务市场的规模扩张和技术进步,从而加大上海在国际航运中心建设上的国际竞争优势。

第4章
上海产业发展对接"一带一路"国家战略

上海自20世纪90年代以来就一直是我国改革开放的前沿阵地和排头兵,尤其2013年上海自贸试验区建设以来,更加巩固了上海在我国对外开放中的龙头地位。作为"丝绸之路经济带"和"21世纪海上丝绸之路"的链接枢纽,加之在经济、金融、贸易、航运、技术、人才、体制机制等领域的领先地位,决定了上海在"一带一路"建设中仍将肩负排头兵和主力军的示范带头作用,而"一带一路"建设也必将为上海经济结构转型升级、建设全球城市提供新的历史契机。

4.1 中国与"一带一路"沿线国家合作格局与重点

4.1.1 "一带一路"路线图

2015年3月,中国政府发布《推动共建丝绸之路经济带和21世纪海上丝绸之路的愿景与行动》,描绘了"一带一路"线路图。

丝绸之路经济带战略涵盖东南亚、东北亚经济整合,并最终融合在一起通向欧洲,形成欧亚大陆经济整合的大趋势。"21世纪海上丝绸之路经济带"和"丝绸之路经济带"战略形成一个海上、陆地的闭环。其具体路线可大体分为:

(1) 北线A:北美洲(美国,加拿大)—北太平洋—日本、韩国—日本海—海参崴(扎鲁比诺港,斯拉夫扬卡等)—珲春—延吉—吉林—长春(即长吉图开发开放先

导区)—蒙古国—俄罗斯—欧洲(北欧,中欧,东欧,西欧,南欧);

表 4.1　"一带一路"沿线国家及所属区域

一带一路沿线区域	国　家	一带一路沿线区域	国　家
东北亚	蒙　古	西亚北非 16 国	沙特阿拉伯
	俄罗斯		阿联酋
东南亚 11 国	印度尼西亚		阿　曼
	泰　国		伊　朗
	马来西亚		土耳其
	越　南		以色列
	新加坡		埃　及
	菲律宾		科威特
	缅　甸		伊拉克
	柬埔寨		卡尔塔
	老　挝		约　旦
	文　莱		黎巴嫩
	东帝汶		巴　林
独联体 6 国	乌克兰		也门共和国
	白俄罗斯		叙利亚
	格鲁吉亚		巴勒斯坦
	阿塞拜疆	中东欧 16 国	波　兰
	亚美尼亚		罗马尼亚
	摩尔多瓦		捷克共和国
南亚 8 国	印度尼西亚		斯洛伐克
	巴基斯坦		保加利亚
	孟加拉国		匈牙利
	斯里兰卡		拉脱维亚
	阿富汗		立陶宛
	尼泊尔		斯洛文尼亚
	马尔代夫		爱沙尼亚
	不　丹		克罗地亚
中亚 5 国	哈萨克斯坦		阿尔巴尼亚
	乌兹别克斯坦		塞尔维亚
	土库曼斯坦		马其顿
	吉尔吉斯斯坦		波　黑
	塔吉克斯坦		黑　山

(2) 北线 B:北京—俄罗斯—德国—北欧;

(3) 中线:北京—郑州—西安—乌鲁木齐—阿富汗—哈萨克斯坦—匈牙利—巴黎;

(4) 南线:泉州—福州—广州—海口—北海—河内—吉隆坡—雅加达—科伦坡—加尔各答—内罗毕—雅典—威尼斯;

(5) 中心线:连云港—郑州—西安—兰州—新疆—中亚—欧洲。

总体上看,"丝绸之路经济带"覆盖了新疆、重庆、陕西、甘肃、宁夏、青海、内蒙古、黑龙江、吉林、辽宁、广西、云南、西藏 13 省(直辖市),"21 世纪海上丝绸之路"覆盖了上海、福建、广东、浙江、海南 5 省(直辖市)。"一带一路"战略共计涵盖我国 18 个省、自治区和直辖市。

"一带一路"倡议的提出,契合沿线国家的共同需求,为沿线国家优势互补、开放发展提供了新的机遇,有利于促进沿线各国经济繁荣与区域经济合作,是国际合作的新平台。目前,已有 60 余个国家表现出积极兴趣。

4.1.2 中国与"一带一路"国家的合作格局

1. 中国对"一带一路"国家的出口情况

2014 年,我国对"一带一路"64 个国家出口额总计 6 370 亿美元,同比增长 12%,占我国 2014 年出口贸易总额的 27%,增速超过我国总出口贸易增速 6 个百分点。其中,对越南和伊朗的出口分别增长 31.2%和 72.3%。

2. 出口地理方向和商品结构

从出口的地理方向看,我国对"一带一路"沿线国家的出口贸易主要集中在东南亚、东北亚的俄罗斯和南亚的印度等地区(详见表 4.2)。其中,出口额大于 100 亿美元的 17 个国家占我国对"一带一路"沿线 64 个国家总出口额的 83%。

从出口的商品结构看,机电、纺织、化工、钢铁等是中国对"一带一路"沿线国家的主要出口品类。

表 4.2　2014 年我国对"一带一路"沿线国家出口概况

主要出口国家	主要出口产品种类	出口额（亿美元）	占比（%）	增速（%）
越　南	机电产品;机器、机械器具及零件;钢铁;针织或钩编的服装及附件等	637	10.0	31.2
印　度	机电产品;机械器具;有机化学品;肥料;钢铁及制品;塑料及制品;家具等	542	8.5	12.0
俄罗斯	机电产品;机器、机械器具及零件;非针织服装及衣着附件;针织或钩编的服装及衣着附件;鞋靴、护腿和类似品及其零件;毛皮、人造毛皮及其制品等	537	8.4	8.2
新加坡	机电产品;机器、机械器具及零件;船舶及浮动结构体;矿物燃料、矿物油及其蒸馏产品;沥青物质;矿物蜡;家具等	489	7.7	6.7
马来西亚	机电产品;家具;寝具、褥垫、弹簧床垫、软坐垫及类似的填充制品;未列名灯具及照明装置;发光标志、发光铭牌及类似品;活动房屋等	464	7.3	0.9
印度尼西亚	机器、机械器具及零件;机电产品;矿物燃料、矿物油及其蒸馏产品;沥青物质;矿物蜡;钢铁;钢铁制品等	391	6.1	5.8
阿联酋	机电产品;机械器具及零件;针织或钩编的服装及衣着附件;家具等	390	6.1	16.9
泰　国	机电产品;机器、机械器具及零件;钢铁;塑料及其制品;钢铁制品;光学、照相、电影、计量、检验、医疗或外科用仪器及设备、精密仪器及设备等	343	5.4	4.8
伊　朗	机械器具及零件;机电产品;车辆及其零件;家具;寝具等	243	3.8	72.3
菲律宾	机电产品;钢铁;机器、机械器具及零件;矿物燃料、矿物油及其蒸馏产品;沥青物质;矿物蜡;车辆及其零件等	235	3.7	18.4
沙特阿拉伯	机器、机械器具及零件;机电产品;家具;寝具、褥垫、弹簧床垫、软坐垫;灯具及照明装置;发光标志;活动房屋等	206	3.2	9.8

续表

主要出口国家	主要出口产品种类	出口额（亿美元）	占比（%）	增速（%）
土耳其	机器、机械器具及零件；机电产品；塑料及其制品；光学、照相、电影、计量、检验、医疗或外科用仪器及设备、精密仪器及设备等	193	3.0	8.8
波兰	机器、机械器具及零件；机电产品；光学、照相、电影、计量、检验、医疗或外科用仪器及设备、精密仪器及设备；家具；寝具等	143	2.2	13.4
巴基斯坦	机电产品；核反应堆、锅炉、机器、机械器具及零件；化学纤维长丝；化学纤维纺织材料制扁条及类似品；钢铁；化学纤维短纤等	132	2.1	20.2
哈萨克斯坦	鞋靴、护腿和类似品及其零件；核反应堆、锅炉、机器、机械器具及零件；针织或钩编的服装及衣着附件；机电产品等	127	2.0	1.3
孟加拉国	棉花；机器、机械器具及零件；机电产品；化学纤维短纤；针织物及钩编织物；化学纤维长丝；化学纤维纺织材料制扁条；塑料及其制品等	118	1.9	21.4
埃及	机电产品；机械器具；针织服装及附件；车辆及零件；塑料及制品；钢铁等	105	1.6	25.1

资料来源：引自《"一带一路"沿线国家产业合作报告》，中国国际贸易研究中心，2015年8月。

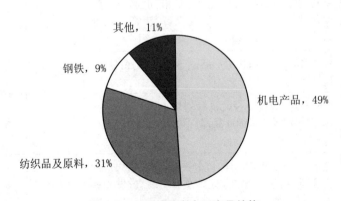

图4.1　中国对越南出口商品结构

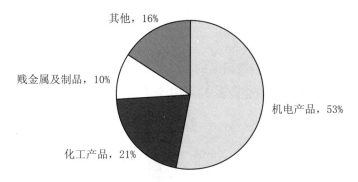

图 4.2　中国对印度出口商品结构

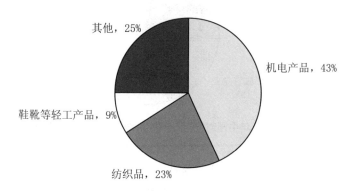

图 4.3　中国对俄罗斯出口商品结构

3. 出口贸易方式和贸易主体

从我国对"一带一路"沿线国家的出口贸易方式看,一般贸易方式占主导,占比

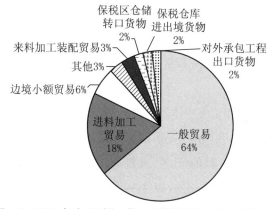

图 4.4　2014 年中国对"一带一路"沿线国家出口贸易方式

高达64%；一般贸易、进料加工贸易和边境小额贸易三种方式占我国对"一带一路"沿线国家总出口额的87.6%。

从我国向"一带一路"沿线国家的出口贸易主体看，私营企业出口占比55%，外商独资企业占18%，国有企业占13%，中外合资企业占11%。

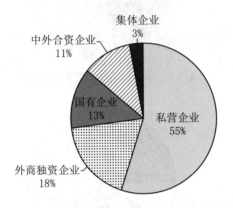

图4.5　2014年中国对"一带一路"沿线国家出口贸易主体

4. 中国对"一带一路"国家的进口情况

2014年我国对"一带一路"64国进口贸易额总计4 834亿美元，同比增长2.6%，占我国2014年进口贸易总额的25%，增速超过我国总进口贸易增速(0.4%)。

(1) 进口地理方向和商品结构。

我国对"一带一路"沿线国家的进口贸易主要集中在中东、东北亚的俄罗斯和东南亚等地区。2014年，我国进口额大于100亿美元的15个国家占我国对"一带一路"沿线64个国家总进口额的84.84%。从进口商品的结构看，矿物燃料、矿物油及其蒸馏产品、沥青物质的进口量最大，占到我国对"一带一路"沿线国家总进口额的42.6%。

(2) 进口贸易方式和贸易主体。

从进口贸易方式看，我国从"一带一路"沿线国家的进口以一般贸易为主，2014年一般贸易额占全部进口额的61%，进料加工占14%，保税区仓储转口货物占9%，保税仓库进出境货物占8%，以上四种方式占"一带一路"国家总进口额的92%。

表 4.3　2014 年我国对"一带一路"沿线国家进口概况

主要进口国	进口主要产品种类	进口额（亿美元）	增速	占比
马来西亚	机电产品；矿物燃料；沥青物质；机械器具及零件；动、植物油、脂；橡胶及制品；塑料及制品；仪器及设备；有机化学品；矿砂等	557	−7.5%	11.5%
沙特阿拉伯	矿物燃料；有机化学品；塑料及制品；盐；硫磺；泥土及石料、石膏料；石灰及水泥；铜及制品；矿砂、矿渣及矿灰；絮胎；毡呢及无纺织物等	485	−9.3%	10.0%
俄罗斯	矿物燃料；木及木制品；木炭；镍及其制品；鱼、甲壳动物、软体动物及其他水生无脊椎动物；矿砂、矿渣及矿灰；肥料、木浆等	416	4.9%	8.6%
泰　国	机电产品；机械器具及零件；橡胶及其制品；塑料及其制品；有机化学品；食用蔬菜、根及块茎；矿物燃料；矿物蜡等	383	−0.5%	7.9%
新加坡	机电产品；矿物燃料、矿物油及其蒸馏产品；塑料及其制品；机械器具及零件；有机化学品；仪器及设备；杂项化学产品；钢铁制品；书籍等	308	2.5%	6.4%
伊　朗	矿物燃料；塑料及其制品；矿砂、矿渣；有机化学品；盐、石膏料、石灰及水泥；铜及其制品；食用水果及坚果；甜瓜或柑橘属水果的果皮等	275	8.2%	5.7%
印度尼西亚	矿物燃料、矿物油及其蒸馏产品；沥青物质；矿物蜡；动、植物油、脂及其分解产品；矿砂；杂项化学产品；木浆及其他纤维状纤维素浆等	245	−22.1%	5.1%
阿　曼	矿物燃料、矿物油及其蒸馏产品；矿砂、矿渣及矿灰；铝及其制品；塑料及其制品；钢铁；无机化学品；贵金属、稀土金属；放射性元素等	238	13.1%	4.9%
菲律宾	机电产品；机械器具及零件；矿砂、矿渣及矿灰；铜及其制品；食用水果及坚果；矿物燃料；仪器及设备；塑料及其制品等	210	15.4%	4.3%
伊拉克	矿物燃料、矿物油及其蒸馏产品；食用水果及坚果、甜瓜或柑橘属水果的果皮；塑料及其制品；机电产品；仪器及设备；车辆及其零件等	208	15.4%	4.3%

续表

主要进口国	进口主要产品种类	进口额（亿美元）	增速	占比
越　南	机电产品；矿物燃料、矿物油及其蒸馏产品；棉花；机械器具及零件；木及木制品、木炭；食用水果及坚果；鞋靴；谷物等	199	17.8%	4.1%
印　度	棉花；天然或养殖珍珠、宝石或半宝石；贵金属；铜及其制品；矿砂、矿灰；有机化学品；盐；硫磺；泥土及石料；石膏料、石灰及水泥等	164	−3.8%	3.4%
阿联酋	矿物燃料、矿物油及其蒸馏产品；塑料及其制品；有机化学品；特殊交易品及未分类商品；铜及其制品；动、植物油、脂等	158	22.9%	3.3%
缅　甸	天然或养殖珍珠、宝石或半宝石；贵金属、包贵金属及其制品；矿物燃料、矿物油及其蒸馏产品；木及木制品；矿砂；钢铁；橡胶等	156	455.2%	3.2%
科威特	矿物燃料、矿物油及其蒸馏产品；沥青物质；矿物蜡；有机化学品；塑料及制品；盐；硫磺；泥土及石料、石膏料；石灰及水泥；铜及制品等	100	4.4%	2.1%

资料来源：引自《"一带一路"沿线国家产业合作报告》，中国国际贸易研究中心，2015年8月。

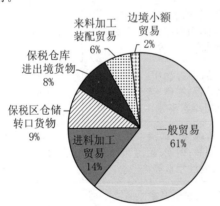

图4.6　2014年中国从"一带一路"
沿线国家进口贸易方式

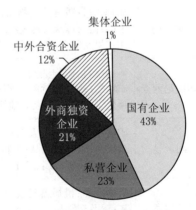

图4.7　2014年中国从"一带一路"
沿线国家进口贸易主体

从进口企业主体看，国有企业是对"一带一路"沿线国家进口的主体，占我国对"一带一路"沿线国家总进口额之比为43%，私营企业占23%，外商独资企业占21%。

4.1.3　中国与"一带一路"国家的合作重点

根据"一带一路"走向,陆上依托国际大通道,以沿线中心城市为支撑,以重点经贸产业园区为合作平台,共同打造新亚欧大陆桥、中蒙俄、中国—中亚—西亚、中国—中南半岛等国际经济合作走廊;海上以重点港口为节点,共同建设通畅安全高效的运输大通道。由于"一带一路"沿线各国资源禀赋各异,经济互补性较强,彼此合作潜力和空间很大,以政策沟通、设施联通、贸易畅通、资金融通、民心相通为主要内容,重点在以下方面加强合作。

(1) 政策沟通是"一带一路"建设的重要保障。加强政府合作,积极构建多层次政府间宏观政策沟通交流机制;沿线各国可以就经济发展战略和对策进行充分交流对接。

(2) 基础设施互联互通是"一带一路"建设的优先领域。包括铁路、公路、口岸、民航、油气管道、输电网、跨境光缆等都将是建设和升级改造的重点。

(3) 投资贸易合作是"一带一路"建设的重点内容。将加快投资便利化进程,消除投资和贸易壁垒,拓展双方投资领域。积极推动水电、核电、风电、太阳能等清洁、可再生能源合作;促进沿线国家加强在新一代信息技术、生物、新能源、新材料等新兴产业领域的深入合作;鼓励合作建设境外经贸合作区、跨境经济合作区等各类产业园区等。

(4) 资金融通是"一带一路"建设的重要支撑。要深化金融合作,推进亚洲货币稳定体系、投融资体系和信用体系建设。扩大沿线国家双边本币互换、结算的范围和规模。推动亚洲债券市场的开放和发展。共同推进亚洲基础设施投资银行、金砖国家开发银行筹建,有关各方就建立上海合作组织融资机构开展磋商。加快丝路基金组建运营等多方面金融领域的合作与发展。支持沿线国家政府和信用等级较高的企业以及金融机构在中国境内发行人民币债券。符合条件的中国境内金融机构和企业可以在境外发行人民币债券和外币债券。引导商业性股权投资基金和社会资金共同参与"一带一路"重点项目建设。当前,中国金融机构要扩大"一带一路"沿线城市的跨境人民币业务,满足企业对跨境贸易人民币结算需求。在资产托管、资产管理、贸易融资、国际结算、海外人民币理财方面,搭建服务中资企业与"一带一路"沿线地区经济发展的金融供应链。

(5) 民心相通是"一带一路"建设的社会根基。包括教育、旅游、医疗、科技、文化等多层面的合作。

4.2 上海的经济地位和产业发展现状

4.2.1 上海的经济地位

作为全国的经济中心、金融中心、贸易中心和航运中心,上海肩负着面向世界、带动长三角地区一体化发展的重任,在全国经济建设和社会发展中也具有十分重要的地位和作用。上海土地面积仅占全国的 0.06%,2014 年完成生产总值 23 567.7 亿元,占全国的 3.7%;关区进出口商品总额 4 664 亿美元,占全国的 20%;作为世界第一大集装箱港以 3 500 万标箱量级的巨大体量傲视全球,集装箱吞吐量占全国的 17.5%,连续 5 年稳居于全球第一。

表 4.4　2014 年上海主要经济指标占全国比重

指　　　标	全　　国	上　　海	上海占全国的比重(%)
生产总值(亿元)	635 910	23 567.7	3.7
社会消费品零售总额(亿元)	271 896.14	9 303.49	3.4
进出口总额(亿美元)	43 015.27	4 664	10.8
上海关区进出口总额(亿美元)	—	8 630.4	20
货物周转量(亿吨公里)	185 837.42	18 633.36	10
集装箱吞吐量(万国际标准箱)	20 200	3 528.5	17.5
外商投资企业投资总额(亿美元)	37 977.29	5 304.67	14

资料来源:根据《中国统计年鉴 2015》和《上海统计年鉴 2015》计算整理。

4.2.2 上海产业发展现状

1. 以金融和商贸为主的第三产业高度发达

改革开放之初,上海第二产业占比高达 77.4%,第三产业仅占 18.6%,可见当时上海是一个典型的工业城市,第三产业发展严重滞后。改革开放后尤其是 90 年代以来,上海第三产业突飞猛进,至 2014 年第三产业产值达到 1.53 万亿,占 GDP 的比重已达到 64.8%,这与上海作为全国首位城市和"四个中心"的功能定位渐趋一致。

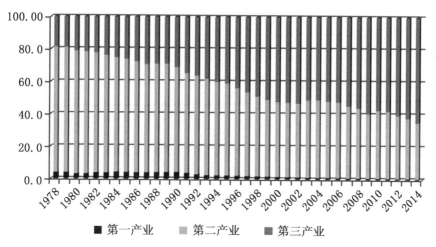

资料来源:根据《上海统计年鉴 2015》数据制作。

图 4.8 1978—2014 年上海三次产业结构演变

从图 4.9 可以进一步看出,2014 年上海第三产业比重不仅远高于全国 48.1% 的平均水平,在四个直辖市中也仅次于全国政治和文化中心北京;与东部沿海省份相比,上海第三产业占比普遍高出 20 个百分点左右。

上海发达的第三产业是由其作为全国贸易中心、金融中心和航运中心的地位决定的。2014 年,上海批发和零售业完成增加值 3 647.33 亿,占全国的 5.8%,在第三产业中的比重高达 24%。

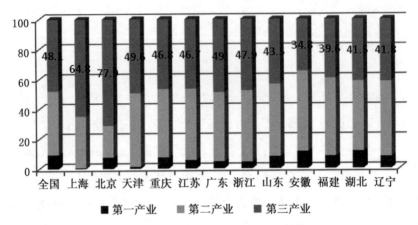

资料来源:根据全国和各省市 2015 年统计年鉴数据整理制作。

图 4.9　2014 年上海三次产业结构与部分省市对比

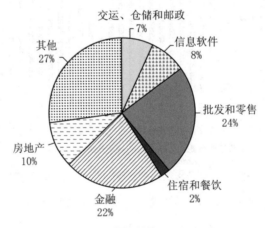

资料来源:根据《上海统计年鉴 2015》数据制作。

图 4.10　2014 年上海第三产业内部结构

　　货物运输周转量和港口集装箱吞吐量等指标充分反映了一个地区贸易、物流业的发展状况。2014 年上海货运周转量高达 18 633.36 亿吨公里,占全国总周转量(185 397.78 亿吨公里)的 10%,远高于其他沿海沿江省市(如图 4.11),充分体现了上海作为全国贸易中心和航运中心的无可替代的地位。

　　海运方面,2014 年全球 10 大集装箱港吞吐量统计显示,世界第一大集装箱港口仍为上海港,完成 3 528.5 万标箱的吞吐量,对排名第二的新加坡港的优势扩大到 141.6 万标箱,连续 5 年稳居全球第一。

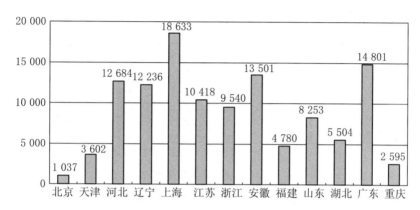

资料来源:根据《中国统计年鉴 2015》数据制作。

图 4.11　2014 年上海与沿海省市货物周转量比较(亿吨公里)

表 4.5　2014 年全球 10 大集装箱港吞吐量排行榜

全球排名	港　　口	集装箱吞吐量(万 TEU)
1	上海港	3 528.5
2	新加坡港	3 386.9
3	深圳港	2 403.7
4	香港港	2 228.7
5	宁波—舟山港	1 945
6	釜山港	1 874
7	青岛港	1 662.4
8	广州港	1 616
9	迪拜港	1 525
10	天津港	1 405

从金融业看,2014 年上海金融业实现增加值 3 400.41 亿元,比上年增长
14%,在第三产业中的比重高达 22%。与发达省市相比,上海金融业在四个
直辖市中居首位,也高于数倍于自身人口和经济规模的浙江和山东,略低于广
东和江苏。

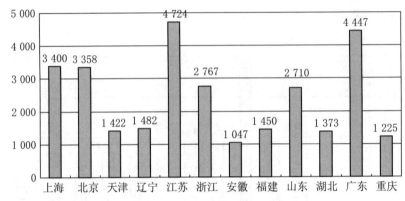

资料来源:根据全国和各省市2015年统计年鉴数据整理制作。

图 4.12　2014 年上海金融业产值与部分省市比较(亿元)

2. 战略性新兴产业领先发展

近年来,上海加快培育战略性新兴产业,智能制造、数字服务、生命健康等重点领域优势突出、率先发展,大飞机、新型显示、高端医疗器械、光刻机等一批重大项目进展顺利,新一代无线移动宽带网、重大新药创制等国家科技重大专项取得新突破。2014 年,上海节能环保、新一代信息技术、生物医药、高端装备、新能源、新材料和新能源汽车等战略性新兴产业制造业完成工业总产值 8 113.34 亿元,比上年增长 5.5%。

表 4.6　2014 年上海七大战略性新兴产业制造业产值(亿元)

行业	新能源	高端装备制造	生物医药	新一代信息技术	新材料	新能源汽车	节能环保
产值	446.15	2 472.12	873.51	2 193.73	1 951.19	64.7	409.9

(1) 智能制造和高端装备制造领域。

① 工业机器人。上海工业机器人发展已经居于全国领先地位,不仅在全国率先开展机器人研究,而且是我国最主要的机器人产业集聚区之一,在技术研发方面具备一定基础。目前,除 ABB、发那科、安川电机、库卡等全球工业机器人领军企业已经在上海建立合资企业之外,上海电气集团所属企业、沃迪自动化、安乃达、未来伙伴机器人等内资企业在技术研发和产业化应用方面都取得了较快发展。此外,上海交通大学和上海大学等高校也为机器人研发领域提供了重要智力支撑。

② 大飞机。从国家战略布局看,上海在大飞机领域具有资金、技术、人才高度集聚的独有优势,非常有希望实现率先突破。上海紫竹高新区是国家确定的民用飞机发动机、民用飞机客服和民机航电系统基地。目前,中国商飞总部已落地上海,其三大中心建设顺利推进。

③ 海洋工程装备和核电装备。上海不仅具有良好的区位优势,而且在技术积累、企业发展等方面都在国内具有领先地位。上海振华重工是全球能设计、制造大型起重船的三大企业之一,且能自主设计制造钻井平台。该企业不仅在港口机械技术方面居于全球领先地位,而且在海洋工程装备方面逐渐打破跨国公司的垄断。在核电设备中,上海的核电技术和产业都已经具有较好的发展基础,技术水平居于国内领先地位,核电主设备和常规岛主设备的国内市场占有率分别达到 46% 和 32%,核电装备制造和服务也在国内保持领先地位。

(2)数字服务领域。

① 云计算。上海在云计算发展方面已经有较好的基础。IT 基础设施特别是网络宽带普及率、城市发展信息化水平、制造业信息化水平等均在国内处于领先水平,再加上信息服务业发展迅速,上海云计算发展既有产业基础,又有迫切需求。近年来,上海对接长三角地区乃至全国的云计算服务需求,积极搭建云计算技术和服务平台,在推动关键技术研发、示范应用、公共服务商业模式创新等方面取得了明显进展。

② 超大规模集成电路。目前,上海集成电路产业基本形成了包括设计、制造、封装、测试、设备材料在内的完整产业链。上海张江成为继美国硅谷、中国台湾新竹之后的新一代国际级集成电路产业基地,不仅有以中芯国际为首的大规模芯片代工产业集群,还在 IC 设计(有展讯、瑞迪科、格科威等国内领军企业)、关键装备(有盛美、凯世通、中微半导体等领军企业)和 IC 材料领域等行业有一批高端自主创新的企业。

③ "智慧城市"应用。上海于 2009 年开始建设"智慧城市",并且在《"十二五"规划纲要》中明确提出要"创建面向未来的智慧城市"。目前,上海"智慧城市"建设已经在核心技术突破、基础设施建设、推进示范应用等方面取得了积极进展,而且巨大的人口规模、较高的经济水平和消费能力都为智慧城市建设奠定了广阔的公共管理、生活服务需求及创新发展空间。

(3)生命健康领域。

① 生物医药。上海不仅是我国现代医药产业的发祥地,而且在产业规模、创

新资源等方面具有明显优势。目前,上海基本形成了张江、周康、闵行、徐汇、奉贤、金山、青浦等六大生物医药产业园区建设,这六大产业园区的生物医制造业工业产值占全市的 70%以上,已经成为上海生物医药产业发展的主要载体。

② 医疗器械。上海是我国医疗器械科研、生产、经营、教育的主要基地,从事图像处理、医学影像信息化研究甚至基础物理元件等方面的研究能力在国内属于领先,表现在与医疗影像相关的加工工业、电子制造业比较先进。目前,上海已具备绝大多数医疗器械产品的生产能力,所生产的医疗器械品种居国内首位,并涵盖了医疗器械的所有种类。其中,影像设备、手术急救设备、医用光学、医用耗材、生化仪器、监护仪等常规医疗器械更是上海的强项。近几年上海又在高端医疗器械方面取得了突破性进展,比如联影的高端医疗影像设备、之江的诊断试剂、微创的医用植入/介入器械生产都处在国际水平,有的已经是国际领先水平。以张江为例,以微创为龙头的医疗器械产业、以中信国健为代表的生物医药新药产业、以睿智化学为代表的CRO产业,已经使张江"药谷"成为创新度最高、创新资源最丰富、产业集群最聚合的生物医药国家级基地。

3. 工业支柱产业规模优势突出

2014 年上海全年完成工业总产值 34 071.19 亿元,实现增加值 7 362.84 亿元。其中,电子信息产品制造业、汽车制造业、石油化工及精细化工制造业、精品钢材制造业、成套设备制造业和生物医药制造业六个重点行业完成工业总产值 21 626.85 亿元,占全市规模以上工业总产值的比重为 67.1%(见表 4.7),规模优势非常突出。

表 4.7　2014 年六个重点行业工业总产值及其增长速度

指　　标	总产值(亿元)	占工业总产值比重(%)
电子信息产品制造业	6 252.34	18.4
汽车制造业	5 319.03	15.6
石油化工及精细化工制造业	3 785.03	11.1
精品钢材制造业	1 447.19	4.2
成套设备制造业	3 949.76	11.6
生物医药制造业	873.51	2.6
合计	21 626.85	63.5

资料来源:根据《上海统计年鉴 2015》计算整理。

4. 科技服务业基础良好,增长迅速

为适应全球科技竞争和经济发展新趋势,立足国家战略推进创新发展,2015年5月上海发布《关于加快建设具有全球影响力的科技创新中心的意见》,提出了重点支持科技服务业发展。据统计,上海科技服务业的产业发展呈现出快速增长的趋势,科技服务业总收入占 GDP 比重逐年递增,且增长速度非常快。

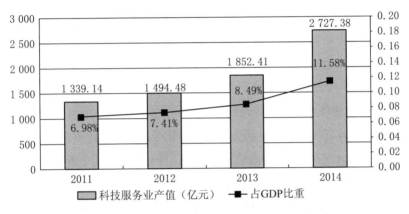

图 4.13　2011—2014 年上海科技服务业发展趋势

2014 年上海科学研究和技术服务总产出达到 2 241.2 亿元,同比增长 8.3%,占社会服务业总产值的比重达 11.6%;全年研发(R&D)经费支出 831 亿元,相当于全市生产总值的 3.6%。全年经认定登记的各类技术交易合同 25 238 件,合同金额 667.99 亿元,增长 7.6%,连续十五年排名全国第二。上海吸引了全国外资机构总数的1/4和世界 500 强所设研发机构的 1/3,大型跨国公司在沪设立的全球性和区域性研发中心已有 70 多家,这些都是创新发展的基础条件。

4.3　上海工业行业比较优势测算分析

4.3.1　测算方法

为了进一步衡量上海工业各行业的专业化程度和规模优势,我们采用区位商

和产业份额指标进行实证测算。区位商是指一个地区特定产业的经济规模（以总产值、增加值、营业额或就业水平等表示）在该地区总体经济规模中所占的比重与全国该产业的经济规模在全国总经济规模中所占比重的比率，其计算公式为：

$$LQ_{ij} = \frac{L_{ij} \Big/ \sum_{j=1}^{m} L_{ij}}{\sum_{j=1}^{n} L_{ij} \Big/ \sum_{i=1}^{n} \sum_{j=1}^{m} L_{ij}}$$

其中：i——第 i 个地区（$i=1, 2, 3, \cdots, n$）；

　　　j——第 j 个行业（$j=1, 2, 3, \cdots, m$）；

　　　L_{ij}——第 i 个地区、第 j 个产业的经济规模；

　　　LQ_{ij}——i 地区 j 产业的区位商。

若 $LQ_{ij} > 1$，说明 i 地区 j 产业所占份额比全国 j 产业所占份额大，即表明 i 地区 j 产业有部分产品输出，专业化程度较高，具有比较优势。LQ_{ij} 值越大，j 产业的专业化程度则越高，产品对外输出能力越强。若 $LQ_{ij} < 1$，说明 i 地区 j 产业处于相对劣势，产品不能满足本地需求，需要从外地输入；若 $LQ_{ij} = 1$，说明 i 地区 j 产业仅能自给自足，行业发展水平一般。

区域主导产业不仅要具有区域比较优势，也应具备一定的规模优势，只有某一产业达到一定的规模，报酬递增、范围经济和聚集经济效应才能充分发挥作用。因此，只有产业规模达到一定比重的产业才有可能成为区域主导产业。尽管区位商在一定程度上也反映了一个产业的规模优势，因为具有比较优势的产业相对容易形成规模优势，但也有例外情况，例如，如果全国某一产业所占份额特别小，尽管某一地区此类产业规模不大（但在该区域所占份额比该产业在全国所占份额大），对区域经济的带动作用很小，但计算出的区位商仍然可能较大，而实际上此类产业成为主导产业的可能性很小。有鉴于此，我们利用产业份额（%）指标弥补单一区位商的不足。产业份额（%）的计算公式为：

$$WI_{ij} = (G_{ij}/G_i) \times 100\%$$

式中：WI_{ij}——i 区域 j 产业的产业份额（%）；

　　　G_{ij}——i 区域 j 产业的产业规模（以产值、增加值、营业额等表示）；

　　　G_i——i 区域的全部产业规模（同上）。

4.3.2　测算结果分析

鉴于公开可比较数据的可获取性,我们取各行业的主营业务收入代表该行业的经济规模,以地区国内生产总值(GDP)为基准,分别测算 2013 年和 2014 年上海工业各行业的产业份额和区位商。计算结果表明,2013 年,在 41 个工业行业中,烟草制品业、汽车制造业、金属制品业、计算机通信和其他电子设备制造业、通用设备制造业、仪器仪表制造业、燃气生产和供应业、文教体育和娱乐用品制造业、石油加工炼焦和核燃料加工业、水的生产和供应业、交通运输设备制造业、家具制造业、食品制造业等 13 个行业的区位商大于 1,比较优势明显。2014 年,上述 13 个行业除文教、体育和娱乐用品制造业以及食品制造业 2 个行业外,其余 11 个行业继续保持比较优势。

表 4.8　2013 年上海工业行业区位商和产业份额

行　　业	全国主营业务收入(亿元)	上海主营业务收入(亿元)	产业内份额(%)	区位商
烟草制品业	8 293	849.5	2.46	2.76
汽车制造业	60 540	6 055.5	17.54	2.70
金属制品、机械和设备修理业	930	77.3	0.22	2.24
计算机、通信和其他电子设备制造业	77 226	5 504.2	15.94	1.92
通用设备制造业	42 789	2 588.1	7.49	1.63
仪器仪表制造业	7 682	346.2	1.00	1.21
燃气生产和供应业	4 137	184.3	0.53	1.20
文教、体育和娱乐用品制造业	12 038	534.8	1.55	1.20
石油加工、炼焦和核燃料加工业	40 680	1 768.1	5.12	1.17
水的生产和供应业	1 451	62.9	0.18	1.17
交通运输设备制造业	16 545	681.4	1.97	1.11
家具制造业	6 463	264.0	0.76	1.10
食品制造业	18 165	712.3	2.06	1.06
印刷和记录媒介复制业	5 291	194.8	0.56	0.99

续表

行 业	全国主营业务收入(亿元)	上海主营业务收入(亿元)	产业内份额(%)	区位商
电气机械和器材制造业	61 018	2 206.4	6.39	0.97
化学原料和化学制品制造业	76 330	2 759.8	7.99	0.97
专用设备制造业	32 057	1 145.8	3.32	0.96
橡胶和塑料制品业	27 311	895.1	2.59	0.88
金属制品业	32 843	971.1	2.81	0.80
医药制造业	20 593	581.1	1.68	0.76
纺织服装、服饰业	19 251	522.1	1.51	0.73
黑色金属冶炼和压延加工业	76 317	1 973.9	5.72	0.70
其他制造业	2 308	56.9	0.16	0.66
造纸和纸制品业	13 472	309.8	0.90	0.62
电力、热力生产和供应业	54 825	1 145.2	3.32	0.56
皮革制品和制鞋业	12 493	178.3	0.52	0.38
非金属矿物制品业	51 284	583.6	1.69	0.31
废弃资源综合利用业	3 340	33.6	0.10	0.27
有色金属冶炼和压延加工业	46 536	454.6	1.32	0.26
酒、饮料和精制茶制造业	15 185	124.7	0.36	0.22
农副食品加工业	59 497	407.8	1.18	0.18
纺织业	36 161	237.7	0.69	0.18
木材加工业	12 022	73.4	0.21	0.16
化学纤维制造业	7 282	39.9	0.12	0.15
石油和天然气开采业	11 691	9.5	0.03	0.02
煤炭开采和洗选业	32 405	—	—	—
黑色金属矿采选业	9 828	—	—	—
有色金属矿采选业	6 159	—	—	—
非金属矿采选业	4 830	—	—	—
其他采矿业	22	—	—	—
开采辅助活动	1 860	—	—	—

资料来源:根据《中国统计年鉴 2014》和《上海统计年鉴 2014》计算整理。

表 4.9　2014 年上海工业行业区位商和产业份额

行　　业	主营业务收入(亿元)		产业份额(%)	区位商
	全　国	上　海		
烟草制品业	8 962.7	932.0	2.6	2.81
金属制品、机械和设备修理业	842.3	85.8	0.2	2.75
汽车制造业	67 818.5	6 645.7	18.7	2.65
计算机、通信和其他电子设备制造业	85 486.3	5 733.0	16.2	1.81
燃气生产和供应业	5 227.1	344.9	1.0	1.78
通用设备制造业	47 016.8	2 763.2	7.8	1.59
水的生产和供应业	1 713.5	78.1	0.2	1.23
铁路、船舶、航空航天和其他运输设备制造业	18 158.6	772.0	2.2	1.15
仪器仪表制造业	8 347.6	349.3	1.0	1.13
家具制造业	7 273.4	280.3	0.8	1.04
食品制造业	20 399.9	719.4	2.0	0.95
石油加工、炼焦和核燃料加工业	41 094.4	1 432.2	4.0	0.94
电气机械和器材制造业	66 977.8	2 312.0	6.5	0.93
化学原料和化学制品制造业	83 104.1	2 821.1	8.0	0.92
文教、工美、体育和娱乐用品制造业	14 939.4	479.0	1.4	0.87
专用设备制造业	34 826.4	1 114.1	3.1	0.86
橡胶和塑料制品业	29 919.1	936.6	2.6	0.84
印刷和记录媒介复制业	6 765.3	191.4	0.5	0.76
金属制品业	36 396.4	994.9	2.8	0.74
医药制造业	23 350.3	616.1	1.7	0.71
黑色金属冶炼和压延加工业	74 332.8	1 811.2	5.1	0.66
造纸和纸制品业	13 535.2	302.8	0.9	0.60
其他制造业	2 579.4	54.5	0.2	0.57
纺织服装、服饰业	21 054.4	405.4	1.1	0.52
电力、热力生产和供应业	57 065.5	1 094.8	3.1	0.52
皮革、毛皮、羽毛及其制品和制鞋业	13 896.1	189.8	0.5	0.37
非金属矿物制品业	57 436.7	604.3	1.7	0.28
废弃资源综合利用业	3 668.6	32.5	0.1	0.24
有色金属冶炼和压延加工业	51 312.1	454.8	1.3	0.24
酒、饮料和精制茶制造业	16 370.0	131.6	0.4	0.22
农副食品加工业	63 665.1	421.9	1.2	0.18

续表

行 业	主营业务收入(亿元)		产业份额 (%)	区位商
	全 国	上 海		
纺织业	38 294.8	240.8	0.7	0.17
木材加工和木、竹、藤、棕、草制品业	13 246.9	77.7	0.2	0.16
化学纤维制造业	7 158.8	41.6	0.1	0.16
石油和天然气开采业	11 425.2	9.2	0.0	0.02
煤炭开采和洗选业	30 322.0	0.0	0.0	0.00
黑色金属矿采选业	9 340.8	0.0	0.0	0.00
有色金属矿采选业	6 296.8	0.0	0.0	0.00
非金属矿采选业	5 287.6	0.0	0.0	0.00
开采辅助活动	2 099.5	0.0	0.0	0.00
其他采矿业	24.5	0.0	0.0	0.00

资料来源:根据《中国统计年鉴 2015》和《上海统计年鉴 2015》计算整理。

综合上海近两年各工业行业的区位商和产业份额情况,可以发现:

(1) 汽车制造业、计算机、通信和其他电子设备制造业、通用设备制造业三个行业不仅比较优势突出,而且规模优势明显,三个行业规模约占全部工业份额的42%左右,表明这三个行业是上海工业行业对外输出的绝对主导。

(2) 尽管烟草制品、金属制品、水的生产和供应、燃气生产和供应、铁路、船舶、航空航天和其他运输设备制造、仪器仪表制造、家具制造等行业具有明显的比较优势,但目前产业规模较小(均不足千亿规模),主要以满足上海周边及国内需求为主,也不具备大规模对外输出的能力。

(3) 相反,尽管化学原料和化学制品制造业、电气机械和器材制造业、黑色金属冶炼和压延加工业、石油加工、炼焦和核燃料加工业的区位商小于1,因而仅用区位商指标衡量上述行业不具有对外输出能力。但以产业份额衡量,上述行业产业份额均大于4%,又具有明显的规模优势,这为上述行业对外输出提供了可能。事实上,上述行业虽然整体上比较优势不明显但规模优势突出的主要原因,恰在于上述行业的龙头公司产业规模巨大,因而产业集中度高。例如,根据中国机械工业协会发布的《中国机械 500 强研究报告》,上海电气(集团)总公司位居电气行业第一位;以上海石化公司和高桥石化公司以及上海化学工业区内的合资企业赛科为主力的化工企业具有 2 700 万吨/年炼油(一次加工能力)和约 200 万吨/年乙烯产能,乙烯产量占全国 18%,居全国各省市第一位;以上海华谊集团和上海化学工业区为主的化工原料占整个产业的 23%;而宝钢集团是中国最大、最现代化的钢铁联合企业,2015 年营业收入 2 977 亿元,营业收入、利润总额和全部资产总额在全部钢铁企业中排名第一。

综上,结合区位商和产业份额两个指标,综合权衡工业各行业的比较优势和规模优势,大体可以确定汽车制造业、计算机、通信和其他电子设备制造业、通用设备制造业、化学原料和化学制品制造业、电气机械和器材制造业、化学原料和化学制品制造业、黑色金属冶炼和压延加工业等为上海工业行业对外输出的主要产业力量。

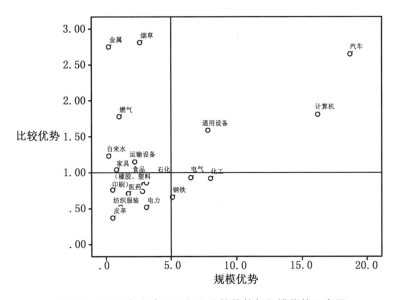

图 4.14　2014 年上海工业行业比较优势与规模优势示意图

4.4　发挥上海产业优势,对接"一带一路"建设

产业转移是发达区域的企业顺应区域比较优势的变化,通过跨区域直接投资把部分产业的生产转移到发展中区域。由于世界各地的要素禀赋不同、制度环境

不同,从而导致全球经济发展不平衡,导致发达国家(或地区)与发展中国家(或地区)的主导产业存在明显的产业级差。正是这些区域间产业级差的存在促使产业转移的发生成为可能。另外,不同区域由于要素禀赋、市场结构、技术水平等不同,产业成长的利益格局也不一致,正是这些区域间产业利益差,诱发并引导了产业转移以获取比较利益。总体上看,全球已完成了三次大规模的跨国和跨地区的产业转移,目前是第四次产业转移浪潮。

表 4.10 全球产业转移浪潮及特征

全球产业转移浪潮	年 代	产业转特征
第一次产业转移	20 世纪 50 年代	美欧国家向日韩实施产业转移
第二次产业转移	20 世纪 60 年代末	日本向中国台湾、中国香港、新加坡、韩国实施产业转移;美欧国家向日韩实施产业转移
第三次产业转移	20 世纪 80 年代	欧美日和亚洲"四小龙"向珠江三角洲、长江三角洲和环渤海地区实施产业转移
第四次产业转移	21 世纪以来	我国沿海地区向中西部和东北地区转移,同时有向周边越南、马来西亚等国家转移的趋势

"一带一路"战略的实施,必将掀起一轮由我国发达地区和优势产业主导、面向"一带一路"沿线国家的产业转移新浪潮。这将为上海企业"走出去"提供一个新的平台,改善上海本土企业在"一带一路"沿线国家和地区的经营环境,降低跨国经营风险,获取更大的成长空间。

4.4.1 上海对外投资发展趋势

随着上海"四个中心"的建设,近年来上海企业在租赁和商务服务业、房地产业、批发和零售业、制造业以及高新技术领域等方面的对外投资成就显著。2009—2013 年,上海企业对外直接投资总额 144.5 亿美元,是 1979—2008 年 30 年累计对外直接投资总额的近四倍。2013 年后,上海对外直接投资更是直线上升,2014 年和 2015 年对外直接投资分别达到 122.9 亿美元和 573 亿美元,增速分别高达

185％和366％,规模居全国之首。

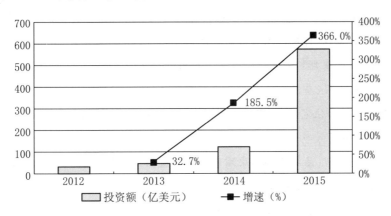

图 4.15　2012 年以来上海对外投资增长趋势

目前,上海企业走出去网络遍布全球,已涉及 178 个国家和地区,国际产能和装备制造合作取得积极进展,"一带一路"建设成为全球价值链合作热点。2015 年上海对"一带一路"沿线国家直接投资 95 亿美元、贸易额 870 亿美元、新签对外承包工程合同额 54 亿美元,分别占上海全市的 23.7％、19.3％和48.2％,并从传统的商品和劳务输出为主发展到商品、服务、资本输出"多头并进"。

4.4.2　上海企业对接"一带一路"典型模式分析

目前,上海企业对接"一带一路"的典型模式是利用国内先进行业经验和项目运作能力的海外资源投资和基础设施建设模式。在该模式下,相关走出去企业利用其成熟的行业经验和先进的管理水平,在全球范围内寻求投资或合作机会,创造业务和收入增长点,开拓海外市场或资源,同时提升企业自身的品牌影响力。该模式下的上海企业代表主要包括绿地集团、中福集团、鹏欣集团、国储能源、上海建工、上海电建与上海城建等。

典型案例:上海建工集团——项目联动,开启"一带一路"新篇章

上海建工集团("上海建工")是国务院和上海市政府重点扶持的大型企业集团,具有建设部核发的国内最高等级的房屋建筑和市政公用工程总承包双特级资质,下设的外经集团是上海地区最早进入国际市场,专业从事国际工程承包和对外劳务技术合作的综合性重点涉外企业。目前的主要海外业务包括以下三大类:

(1) 工业工程:目前已承接缅甸照济电站、蒙古都日根电站、越南山洞电站、泰国 BNS 钢厂、巴基斯坦液化气储罐等超过 600 个项目。

(2) 民用工程(房建):包括圭亚那万豪酒店项目、塞内加尔黑人文明博物馆项目、坦桑尼亚军营住宅项目(在建)、萨摩亚医院项目、马拉维国际会议中心及配套宾馆、加蓬体育场等项目。

(3) 民用工程(基础设施):柬埔寨的多个道路建设项目、埃塞俄比亚的立交桥项目、加拿大埃德蒙顿市 SESS SA1A 地下污水管安装市政项目、赞比亚道路项目,在中东欧地区,也正在探讨基础设施的建设。目前上海建工在美国、欧洲、东南亚、非洲、加勒比、南太平洋等多个国家或地区均设有公司或办事处,并正在美国、中国香港、厄立特里亚等国家和地区逐步开展对外直接投资活动。

上海建工海外发展战略和特色

(1) 加强工程总承包能力,承建国外标志性项目,打造"上海建工品牌"。上海建工成功完成了一大批国内外标志性建设项目,诸如上海环球金融中心、中国国家大剧院、俄罗斯圣彼得堡波罗的海明珠等。通过不断培育国际通行的设计施工一体化以及包括融资、设计、采购、施工在内的工程总承包能力,并且通过承建当地的标志性建筑,创出"上海建工品牌",加快了上海建工"走进"海外重点区域市场的步伐并在当地站稳脚跟。

(2) 通过海外直接投资带动海外工程承包的项目联动效应。在侧重总包工程海外发展的同时,上海建工亦在中国香港、厄立特里亚与美国等地展开了针对房地产与能源产业的直接投资活动。其中,上海建工在厄立特里亚和美国,通过以投资带动总承包的战略模式,正在逐步实现产业链的上下游拓展。例如,厄立特里亚金矿收购项目。上海建工 2012 年对于厄立特里亚金矿展开了股权收购活动,作为原有产业链的延伸,为上海建工的海外投资开辟了尝试性的新路径。在收购厄立特里亚金矿后,上海建工已从单个项目、单种业态向综合项目、多种业态拓展,包括向厄立特里亚提供成套机械设备出口服务、承接大型设计与施工一体化(EPC)涉农项目、承接电站 EPC 优贷项目等,通过投资联动,发挥"产业集群"的叠加和拉动效应,培育海外重点区域市场。目前厄立特里亚已成为上海建工开拓非洲市场的根据地。

（3）推行海外用工属地化,实现投资方和被投资国双赢。上海建工在非洲与东南亚等发展中国家大量承揽了当地的总包工程,但同时当地较为缺乏拥有项目所需技术的施工人才。在综合人工成本与质量控制的考量后,上海建工因地制宜地逐步制定了开发当地劳动力资源的制度与方法,实行人性化管理,保障员工的权益。以马拉维国际会议中心和配套宾馆项目为例,该项目聘用了 900 多名本地雇员,为当地创造了大量就业岗位,培训出了一批拥有良好施工技能的当地工人,同时大幅降低了劳动力成本,也进一步提升了中国企业在当地的整体形象。上海建工被当地媒体评价为"马拉维最好的外国企业"。继马拉维项目之后,上海建工陆续在赞比亚、坦桑尼亚等国家的工程中进一步积极推广了"海外用工属地化"的用工方法,在有效管理机制与团队的配合下,达到了社会效益、管理效益、经济效益共赢的效果,为上海建工海外业务的可持续发展注入了新的动力。

4.4.3　上海产业发展对接"一带一路"的对策措施

1. 确立产业发展的优先重点领域

"一带一路"沿线国家和地区正面临着新一轮产业结构调整和提升,上海应结合比较优势选择移出和承接的产业,积极探索产业转移合作模式,结合"一带一路"实际情况确立产业发展的优先重点领域,有进有出,重点发展高科技产业、先进制造业和现代服务业。一是确定向"一带一路"沿线国家转移的、设备和技术依然领先、能为当地带来巨大收益的产业,在转移时必须考虑到与当地需求、经济发展水平和环保要求的对接,如上海纺织集团等拥有众多有优势技术和设备的企业,其产能可主动向既是棉花主要产区、又有发展需求的中亚、西亚国家转移。二是转移的产业也可以从单纯的制造业转变为制造业、服务业和研发产业多领域的综合性转移。三是主动、有选择地争取承接具有未来发展优势的创新型、高科技产业。上海应与"一带一路"国家和地区建立利益共享机制,整合形成合理有序,分工、产业链条清晰差异化发展的区域产业体系,创造互利共赢的产业格局。

2. 构建"一带一路"资源整合体系

上海与"一带一路"沿线众多省区和国家在资源能源供需和上中下游产业链上

存在互补性。随着我国能源资源领域逐步对民营企业放开,应鼓励上海的国营和民营企业加快走出去。一是积极参与哈萨克斯坦、缅甸等资源能源富集的"一带一路"国家和地区油气等一次能源及其他矿产资源的招投标。二是积极参与西部大开发西电东送的项目建设,积极开发中西南亚国家的太阳能、风能、水能等新能源,并积极参与南海和东海海上油气开发和风能开发等项目,探索上海参与开发资源能源项目的新模式和新路径。三是与哈萨克斯坦、俄罗斯、泰国等粮油主要出口国建立良好的技术、加工设备等方面的长效合作机制。四是积极引进"一带一路"沿线国家和地区的企业落户上海自贸试验区,为尚不发达的合作伙伴降低合作门槛,帮助这些企业发展壮大,形成产业互补、投资相互依赖的互嵌式格局。五是帮助中亚等内陆国家在上海建立物流基地,通过上海港走向海洋,将"一带"与"一路"有效对接。

3. 以重大项目合作为切入点,积极参与沿线国家的投资项目建设

聚焦"一带一路"、装备制造和国际产能合作,梳理推进一批重大投资合作项目,推动国际投资+工程、PPP、BOT、BT等创新投资模式,鼓励建设一批境外经贸合作区和产业园区。为有效推进重大项目建设,政府应鼓励企业考虑供给能力和需求关系进行市场化运作,并提醒企业对要去的沿线国家和地区预先做好市场调研,进行安全、汇率、法律等经营风险评估,做好预案准备。同时,可利用金融优势,将金融和保险机构开到"一带一路"沿线国家和地区,既可开拓金融业务,又可服务我国企业,减少企业经营风险。推动企业积极申请金砖国家开发银行、丝路基金、亚洲基础设施投资银行和上海合作组织银行联合体等专门针对"一带一路"的多个金融机构的项目资金。为企业提供国别政策法规和投资报告,逐步在沿线主要投资国家设立担保机构跟进服务,逐步构建投融资担保的服务保障体系。

4. 促进上海在"一带一路"区域贸易投资一体化发展

顺应贸易与投资相互融合与促进的新趋势,把贸易与投资有机结合起来,推动贸易与投资的良性互动。建议设立上海"一带一路"地区贸易投资促进会,提高上海与"一带一路"沿线国家贸易与投资的质量和水平,进一步发挥投资促进出口的作用。鼓励和引导双向投资,针对上海与"一带一路"沿线国家经济发展的水平和实力,采取各种有效措施,鼓励双向投资,并在投资者权益保障方面做出对等承诺,

以增强双方企业的投资信心。以投资带动贸易,开展双方互补领域的贸易与投资合作,调整进出口商品结构,大力发挥上海与"一带一路"沿线国家在纺织皮革、食品、建材、造纸、塑料、日用品等工业制造方面的互补优势,积极参与沿线重点国家工业园区、特殊经济区建设,充分运用所在国的相关优惠政策,抱团出海,集团经营。

5. 构建上海与"一带一路"沿线国家企业合作运行机制

上海企业正步入从中国到全球、从制造到服务战略转型的关键阶段,要结合"一带一路"国家战略,加强和推动企业合作。一是要丰富上海企业与"一带一路"沿线国家企业合作的方式和途径,努力降低企业间沟通、交流与合作的成本,鼓励上海有优势的大型企业集团通过兼并、收购、参股等方式参与对沿线国家重要领域的投资,全面提升上海企业跨国经营的水平。二是要推动上海企业与"一带一路"国家大型企业间的产业链合作,加强与自身主营业务相关的上下游产业合作,完善产业链,提升在国际分工和价值链中的地位,增强区域内大型企业的国际竞争力。三是要完善中小企业投资促进机制,充分调动中小企业的投资积极性。有效使用上海与"一带一路"沿线国家有关贸易促进和调控的资源,重点对上海与"一带一路"沿线国家的中小贸易投资企业进行支持,扶优扶强,提高竞争力。四是要鼓励企业搭建多种境外投融资平台,鼓励企业通过境内出资、内保外贷、海外发债,在境外设立专门投资公司,通过境外平台实现境外融资等多元化的融资方式,有效降低融资成本,扩大在"一带一路"沿线国家的投资。

4.5　上海科创中心建设对接"一带一路"

上海拥有众多历史悠久、面向国际、不同层次的院校和科研机构,目前正在大力实施创新驱动发展战略上占领主动,加快向具有全球影响力的科技创新中心进军。今后 15—20 年,通过本地众多科研院所与世界顶级机构的对接与合作,上海有可能建设成为"一带一路"最具规模和水平的教育中心和科研中心,成为"一带一路"地区最具全球影响力的科技创新中心之一。

4.5.1　上海建设科创中心的核心内容

习近平总书记指出,从全球范围看,创新驱动是大势所趋,谁牵住了科技创新这个"牛鼻子",谁就能占领先机、赢得优势。为此,建设具有全球影响力的科技创新中心,是上海实施创新驱动发展战略、引领我国科技发展的长期目标任务。而建设全球影响力的科技创新中心的一个关键环节,就是要成为全球科技成果转化过程中的重要一环,要成为具有全球影响力的科技成果转化中心。事实上,从当今世界经济发展趋势上看,全球经济的竞争愈来愈表现为科学技术的竞争,而科学技术的竞争最直接的表现就是科技成果(特别是高技术成果)转化数量、质量和转化速度的竞争,即科技成果商品化、产业化程度及其市场占有率的竞争。因此,上海要建设具有全球影响力的科技创新中心,首先就需要通过将科技研发的成果迅速转化为生产力,争夺全球科技转移转化主导权。在科技成果转化过程中,以市场手段对科技成果进行定价,既是对科技成果公正、公平、公开评价的一种方式;同时,也能够以市场需求引导科技研发,加速科技成果向应用的转化,从而形成市场和技术创新的良性互动。因此,建立和完善科技成果转化和交易的市场机制,从而在上海建成具有全球影响力的技术交易中心,争取全球创新产品市场定价权,是上海未来科技创新体系建设的重要环节之一。

4.5.2　上海建设全球科创中心的优势

上海建设多层次的科技成果转化和交易市场体系,成为具有全球影响力的科技成果交易市场,在国内具有得天独厚的先发优势,这主要体现在:

(1) 上海具有科技成果转化和市场交易的供求优势。从地域上来看,上海依托长三角广大的产业腹地,目前已经是中国经济最发达的地区,而在未来20—30年,这一地区将进一步成为全球最大的城市群。长三角区域不仅是我国研发投入最多、研发实力最强的区域之一,如2013年在全国研究与试验发展(R&D)经费投入前六名的省市中,长三角地区的江苏、浙江和上海分列全国第一、五和六位,同时,江浙沪三省市也是全国专利密集度最高的地区之一(沪江浙分列全国第二、四和六位)。

(2) 上海具有内联外引和中外交融的枢纽优势。在科技成果转化过程中,上海具有其他地区无可比拟的内联外引和中外交融的优势。如在跨国公司研发总部方面,截至 2013 年底,上海拥有跨国公司研发中心近 370 家,占全国约 1/4,其中,来自世界 500 强企业的研发中心占比更是高达全国的 1/3,在全球性或区域性研发总部数量上仅次于东京和硅谷。因此,上海已经可以用全球的资源来建设全球科技创新中心,具有全球科技创新中心的雏形。另一方面,目前上海人才的国际化水平全国最高,截至 2012 年底,在上海的外国常住人口已达 174 192 人,已占上海常住人口的 0.73%,其中有大量常住上海的外国专家(2012 年底达到 7 528 人)。按照这个趋势,至 2040 年,上海将成为一座国际化的全球城市,上海作为全球创新枢纽的地位将日趋显现。

(3) 上海具有完善的多层次的资本市场。到 2040 年上海要成为全球有影响力的科技创新中心,就需要建成全球有影响力的科技成果转化和交易市场中心。上海要成为有全球影响力的科创中心离不开资本的支持,目前,上海拥有全国最完整的资本市场体系,集中了全国包括证券交易所、期货交易所、金融期货交易所、黄金交易所、外汇交易中心和全国银行间同业拆借和债券市场等在内的众多金融市场,部分市场在全球已经具有一定的影响力。上海在全球资金配置能力也已经开始凸显,全球排名前 300 的银行有 134 家银行在这里设立分支机构或代表处开展金融业务,远远高于北京(80 家)和广东(69 家)。目前,上海在利用资本和市场优势促进科技成果转化方面已初现端倪,如在技术成果转让方面,2013 年上海转让合同 2.6 万件,金额 620.9 亿元,转让合同数量和金额均居全国第二位,仅次于北京。

4.5.3 上海科创中心建设服务"一带一路"的对策措施

上海建设具有全球影响力的科创中心,一方面是要打造科学研究和知识创新的高地,当好创新发展先行者;另一方面要充分体现中心城市的集聚辐射功能,辐射带动"一带一路"沿线国家的创新发展。

(1) 加强组织援外培训科技人才和建立创新人才的交流平台。依托上海在医疗卫生、纺织工业、生物医药等领域的优势,为沿线国家选派援外技术专家,培训技术和管理人才,利用上海科创中心的人才政策优势,结合科技创新的重点领域和产业升级需求,吸引科研创新人才来上海工作。

(2) 积极发挥南南全球技术产权交易所功能服务"一带一路"。南南全球技术产权交易所(以下简称 SS-GATE)是由联合国开发计划署(UNDP)与国家有关部门及上海联合产权交易所(SUAEE)共同成立的、专门从事技术产权交易的国际化的、规范独立的、公平、公正、公开的交易平台,旨在通过技术产权交易和技术援助来推动发展中国家的发展。在国家"一带一路"战略背景下,南南产权交易所依托其积聚的大量国际技术资源,发起设立了丝路商会,致力于推动发展中国家中小企业发展国际贸易,以及"一带一路"发展中国家的资源整合。丝路商会已与孟加拉国、越南、斯里兰卡等丝路沿线经济带的七个发展中国家政府机构和商会组织签订协议。

(3) 围绕重大的国际科技合作项目,开展联合攻关和科研设施共享。围绕医疗、环保、农业、气候变化等民生需求问题,设立多边合作科技项目;把上海光源二期、蛋白质科学设施等世界级重大科学设施向沿线国家开放,吸引一流科研团队到上海开展研究。

(4) 加强企业和科技园区对外开放合作,提高产业技术的辐射力。依托张江国家自主创新示范区及其海外产业园,开展科技合作,鼓励企业走出去开展科技孵化、技术并购、参股等业务,推动以上海优势产业为龙头的"跨国创新战略联盟",结合国家技术转移东部中心建设,构建"一带一路"技术转移协作平台、技术转移信息与对接平台。

(5) 集聚全球创新资源,打造国际化"创新创业空间"。建设创新创业孵化示范平台,健全以国际孵化器为龙头的开放式孵化链,创建国家级人才改革试验区,培养和集聚国际化高端人才,推进公共服务平台建设,构建国际化科技服务体系,按照国际通行规则,营造稳定公平透明可预期、与国际接轨的营商环境。

(6) 培育五大创新主体。即创新型企业、创客、科研院所高校、创新型园区、创新型政府。注重"政府引导"与"发挥市场作用"相结合,以市场化促进创新资源的高效配置。

(7) 加强与重点国家在重点领域的科技合作。与西欧国家开展先进制造、高科技、众创空间等领域的技术合作；与俄罗斯、中东欧国家开展航天航空、电力、机械制造、新材料、能源等领域的技术合作；与南亚、大洋洲、南美开展信息科技、生物医药、农业、食品加工等领域的技术合作；与东盟开展农业、先进制造、信息技术、海洋技术等领域的技术合作；与非洲开展农业、医疗卫生、纺织等领域的技术合作。

（8）深化国内外创新合作与管理改革。设立推进"一带一路"建设的多层次协商制度，如中央—地方的部市科技合作会商机制、本市"政产学研金"参与的联席会议机制、与"一带一路"国家和地区沟通的统一渠道。

第 5 章
上海服务"一带一路"国家战略的文化视角[*]

"一带一路"战略明确提出"民心相通"。民心相通的内涵是不断推动文明、文化的互动和对话。单纯依靠贸易的经济发展不能持久,依靠文化纽带联系的贸易才具有可持续性。文化发展会带动经济贸易交流进入良性循环。曾在历史上做出重大文化贡献的城市,如伦敦、纽约、巴黎等都将文化发展视作经济实力的重要组成部分。上海凭借其先发优势条件应发挥文化聚集,文化引领功能。对此我们应该找准切入点,提升上海文化融汇引领功能。

5.1 提升上海文化融汇引领功能对接"一带一路"国家战略

"一带一路"战略构想的提出,契合沿线国家的共同需求,为沿线国家优势互补、开放发展开启了新的机遇之窗。"一带一路"在平等的文化认同框架下谈合作,是国家的战略性决策,体现的是和平、交流、理解、包容、合作、共赢的精神。

民心相通是"一带一路"建设的社会根基。传承和弘扬丝绸之路友好合作精神,广泛开展文化交流、学术往来、人才交流合作、媒体合作、青年和妇女交往、志愿者服务等,为深化双多边合作奠定坚实的民意基础。

---

* 本章部分成果来源于《上海文化融汇引领功能服务"一带一路"国家战略》,《科学发展》2016 年第 7 期。

扩大相互间留学生规模,开展合作办学。沿线国家间互办文化年、艺术节、电影节、电视周和图书展等活动,合作开展广播影视剧精品创作及翻译,联合申请世界文化遗产,共同开展世界遗产的联合保护工作。深化沿线国家间人才交流合作。

加强旅游合作,扩大旅游规模,互办旅游推广周、宣传月等活动,联合打造具有"海上丝绸之路"特色的国际精品旅游线路和旅游产品,提高沿线各国游客签证便利化水平。推动"21 世纪海上丝绸之路"邮轮旅游合作。积极开展体育交流活动,支持沿线国家申办重大国际体育赛事。

上海作为"西学东渐"的桥头堡,理应为国家"一带一路"战略提供重要支撑,这也是上海的国家使命。与"一带一路"沿线国家发展经济,文化必须先行。文化融通能够有效带动贸易增长。

5.2　上海服务"一带一路"国家战略的文化优势

5.2.1　作为中国东西方文化交汇重要城市,海派文化底蕴丰富

海派文化作为以上海为中心的地域文化,具有独特的历史发展过程和鲜明的地域特色。上海城市文化海纳百川,包容万象。作为近代中国最大、最开放的城市,上海是一个移民的大熔炉,一个文化的大熔炉。所有地域文化、宗教传统和高级文明,到了上海以后,互相渗透,互相影响,演变为极具都市风格和东方神韵的"海派文化",即"海纳百川、开明睿智、大气谦和"的城市精神。开放性、多样性、包容性和创新性为城市注入了文化活力。上海也因此在国际上被称为"东方巴黎"。在"一带一路"国家战略下,上海应以"文化自觉"的精神,融汇中西文化,切实起到引领作用,实现"海派文化"的现代转型。东西文化交汇点这一特质是上海文化独有的。该特点为"一带一路"沿线国家和海派文化相结合提供了天然的土壤。

5.2.2　作为中国文化企业总部聚集地,上海具有独特优势

中国跨国公司总部主要聚集在上海。随着文化产业成为城市最为重要的产业

之一,全球文化与经济密切地联系在一起。上海要实现全球的文化融汇引领功能,就要引进全球范围内的文化资源,成为全球文化企业总部的聚集地。上海要以此实现全球文化大市场培育、全球文化资本运作、全球文化产业高地构建、全球一流文化艺术人才聚集。要吸引跨国集团、著名文化企业、海内外各种文化人才、各种影视、戏剧、精品集聚于上海,使上海成为全球文化服务业的集聚高地,从而对文化创意产业的发展产生强有力的辐射效应。

文化地产是以开发、建设和运营大型文化主题公园、文化街区、游乐场等为主业的企业。国际研究表明:文化艺术品产业是一个高度综合的体系,它以文化艺术品主体价值链为核心,包括艺术品投资、艺术品创作、艺术品会展、艺术旅游等环节。上海应该吸取纽约、伦敦、东京等国际化大都市的经验,集中在具有良好区位条件地区,建设核心的服务平台和配套设施,吸引艺术品产业的各类资源在这里集聚、展示、交易等,形成全产业链式的高等级文化艺术品产业集聚区。同样,在文化科技装备产业、影视产业、演艺产业、出版产业、电子游戏产业、网络内容服务产业、文化旅游产业等体现国际文化大都市实力的重点产业方面,上海都应该深入吸取国际经验,研究和设计中国领先、世界前沿的文化规则、文化科技、文化操作体系等,在文化产权交易、文化科技研发、文化资源配置、文化流通贸易、文化跨界服务等方面,形成强有力的集群和组团。

5.2.3　作为文化艺术教育之都,上海广纳海内外人才

一座世界城市在着力于 GDP 增长的同时,必须努力营造城市的真正优势——"人才"的集聚,思想汇聚、文化交融、制度创新、形象再塑等人文文化、科学文化与城市精神的建设。上海是各类"专业人才聚集中心",各种形式的文化活动在吸引高学历人才方面起着重要作用,进而影响到企业雇佣高学历人才。上海必须成为全球文化艺术教育之都,通过吸引海内外人口带来多元文化和巨大的文化创造力,通过文化艺术教育培养优秀的文化人才和高素质市民,这样才能实现服务"一带一路"的建设目标。

5.2.4　上海自贸试验区将在由"一带一路"引领的对外贸易中"大有可为"

作为唯一被纳入"一带一路"愿景和行动计划内的上海自贸试验区,将在由"一带一路"引领的对外贸易中大有可为。位于长江经济带和"一带一路"的物理空间"交汇点"的上海自贸试验区,除基础设施互联互通外,此前所积累的机场、港口、贸易等资源也将服务于"一带一路"。上海自贸试验区的贸易便利化等创新,必将带动文化贸易以及版权贸易的增长,并形成自贸试验区向全国复制、推广的快速扩散、强力推动效应。

5.3　国际知名文化大都市的经验借鉴

近年来文化、生态等领域的软指标越来越受到关注,将文化软实力作为体现国际大都市等级与魅力的核心评估标准逐渐成为共识。伦敦立足建设"榜样式的、可持续发展的世界级城市",将文化战略作为大伦敦发展的八大战略之一,着力打造卓越的创新文化国际中心;东京在《首都圈规划构想》中将"具有深厚魅力的文化城市"作为 21 世纪首都发展愿景的重要内容——相对成熟的国际大都市普遍将文化作为城市保持活力与魅力的核心内容;而对大多数新兴市场经济体中正在崛起的国际大都市而言,尽管与硬件设施同在更高水平上的国际大都市坐标相比差距不断缩小甚至反超,但"软实力"的差距仍然十分明显,文化建设便成为上海要打造名副其实国际大都市的必然选择。

纵观全球文化中心城市,可以说各擅胜场。纽约模式为:全球金融中心＋工商业大都市＋多元大熔炉,所谓曼哈顿第五大道的"博物馆一英里",实际上是艺术品会展和投资交易的基地。伦敦模式为:城市中央活动区(CAZ)＋文化财富管理中心＋创意集聚区,进行包括古典艺术、现代艺术品、古董、演艺、珠宝、艺术投资项目等全球文化艺术资产运作,成为全球文化资产管理中心。上海要成为国际文化大都市,在"一带一路"战略中必须考虑文化先行,发挥文化融合引领功能。

目前公认的比较著名的国际文化大都市有纽约、伦敦和东京等,它们在全球经济、政治、文化事务中具有重要影响,不仅是重要的经济、贸易、金融中心,而且因为文化方面的影响力、辐射力,使其成为世界上重要的文化产品生产、发布和交流中心。纽约作为辐射全球的媒体和娱乐产业中心之一,拥有众多的具有世界影响的媒体、软件、娱乐等产业,具有多元文化的包容性。纽约市 800 万人口中,在国外出生的占 35.9%,纽约市民使用的语言多达 121 种。纽约文化的多样性,使得来自世界各地的人们在纽约很容易产生归属感,既能自如地融入城市文化,同时又可以保留自己民族的文化传统与习俗。多种族、多文化、多阶层共存,成为纽约文化融合和文化创新的不竭动力和源泉。

纽约还是世界有名的文化中心城市,仅影剧院、音乐厅、歌剧院就达 400 多个,世界各地的艺术家纷至沓来,各种文化流派交融汇聚,文化影响波及全球。纽约是美国除好莱坞外文化最为繁荣和发达的地区,除了有很多世界著名的文化设施,如百老汇、林肯艺术表演中心、美国大都会博物馆、美国自然历史博物馆以外,纽约的文化生产和消费更为受人注目:纽约有 2 000 家非营利文化艺术机构;出版发行 4 种日报、2 000 多种周报和月报,拥有几百种国家级杂志出版社,如 Time、Newsweek、Fortune、Forbes 和 Business Week 等,美国排名前 10 位的消费类杂志中有 6 家总部设在纽约,美国 18% 的出版产业从业人员工作居住在纽约;拥有 80 多种有线新闻服务、4 个国家级电视网总部、至少 25 家有线电视公司,7% 的美国电视收视家庭集中在纽约;结聚了 35 家以纽约为基地的广播电台和 100 多家地区性广播电台,听众达 1 400 多万;排名前 5 名的音乐录音制作公司中有三家总部设在纽约;全球著名的媒体集团大都在纽约有分公司,其中不少是以纽约为公司总部,如世界排名第一的美国在线时代华纳集团、维亚康姆、国家广播公司、纽约时报集团等。纽约市政府的文化事务部提出的工作目标之一就是"提高文化对于经济活力的贡献度",而且纽约市政府专门成立了电影戏剧和广播市长办公室来推动纽约市电影、电视产业的发展。影视产业对纽约的经济发展也起了巨大的推动作用。

市场经济高度发达的纽约,除了有作为公益事业中文化艺术主管机构的文化事务部和社区发展主管机构的公园与娱乐休闲部,还有作为经济产业政府扶持部门的电影戏剧与广播市长办公室。这三个机构分别由三个副市长分管,从不同的角度促进文化的发展。文化事务部既是文化艺术的创导者、资金提供者,又是高质量文化计划的支持者。它服务的对象主要是非营利文化机构、公益性科学与人文机构,包括动物园、植物园、历史和遗迹保护以及居住在纽约五大行政区的各层次创作艺术家和研究生。纽约市政府的电影戏剧与广播市长办公室的主要功能是帮助从事影视戏剧领域的公共、私人组织和个人,促进该产业的发展,提供影响该产业发展的政策和管理事物方面的协调,提高纽约作为国际产业中心的声誉。纽约依靠政府拨款维持运行的文化机构共有 34 家,主要是各种博物馆、图书馆、世界著名的剧院和文化中心,以及动植物园等。纽约市政府不断推出各种政策促进文化发展,如对通过资格论证的艺术家给予工作场所和住房资助、实施社区艺术开发计划、对从事新媒体产业的企业提供税收优惠和直接基金资助等等。

作为最具文化多样性的城市之一,伦敦确立了建设欧洲乃至世界文化之都的目标,在扶持音乐、媒体、广告、娱乐、影视、设计等企业的成效方面尤为令人瞩目。伦敦也是世界上最具种族多样性、文化多样性的国际大都市,800 万人口中,海外族裔超过 200 万人,使用着 300 种语言。另据伦敦发展促进署统计,近五年来,伦敦每年的留学生有近 10 万人,位居全球前列。同时,伦敦具有包容性的优越服务体系,多年来被评为全球最佳商务城市,使得越来越多的移民在这里获得了文化创造和文化消费空间。伦敦有享誉世界的创立于 1168 年的牛津大学和创立于 1209 年的剑桥大学,有博物馆近 300 座、其中世界著名的有 30 多座。此外,伦敦还是世界上最大的书报出版中心之一,每天全国性报纸的印量在 1 500 万份,仅 5 家最大的出版公司每年就能出版书籍 4 万多种。伦敦的文化创意产业是伦敦主要的经济支柱,所创造的财富仅次于金融服务产业,同时也是第三大就业经济领域,是英国增长最快的产业。据 2003 年 2 月公布的《伦敦市长文化战略草案》披露,伦敦的创意和文化产业估计年产值为 250—290 亿英镑,从业人员达到 52.5 万。其中伦敦电影工业年产值约为 7.36 亿英镑;出版业约为 33.53 亿英镑。而且伦敦创意产业人均产值也远远超过全国的水平,2000 年为 2 500 英镑左右,几乎是全国创意产业人均产值 1 300 英镑的一倍。此外,全世界每年有 1 亿人前来伦敦参观各类博物馆和画廊,伦敦艺术品拍卖销售额仅次于纽约,位居世界第二。全英 1 600 多个表演艺术公司中超过 1/3 位于伦敦,伦敦还拥有全国 70% 的录音室、全国

90％的音乐商业活动、75％的电影和电视广播产业收入、33％的艺术及古董代理商人数、46％的广告从业人员、80％—85％的时装设计师人数等,12 000 个伦敦电影委员会登记的电影拍摄景地,1 850 个出版企业和 7 000 个学术杂志社。伦敦城的舰队街,曾是英国报业的集中地,有《经济学人》《泰晤士报》《金融时报》《每日电讯报》《卫报》《观察家报》《周刊》等等,英国广播公司(BBC)和路透社也设于此。

伦敦 1999 年经历过一次行政区域重新划分和政府机构调整的变化,目前主管文化的文化战略委员会就是依据当时《大伦敦市政管理机构法令(the GLA Act 1999)》设立的,主要负责规划、协调和发展各类文化机构,以及文化战略的制定、补充、执行和发展伦敦的文化合作组织和地区文化联盟等等。文化战略委员会成立后开始着手制定各类文化发展战略和文化政策,如参与了 2003 年 2 月《伦敦市长文化战略草案》的制定等等。通过统一政府部门,完善文化管理机制和加强文化的支持力度。政府的文化投入是伦敦文化资金中的主要来源,其他的来源还有私营企业和基金会,以及彩票基金等等。通过发行文化特种彩票筹集资金是英国首创,显示了政府对促进文化发展的支持。伦敦文化机构大约每年收到来自公共和私人部门 11.33 亿英镑的资金支持,其中财政拨款 46.1％,地方政府 31.1％,彩票 15.2％,赞助商 5.3％,信托基金 1.5％,欧盟 0.2％,其他 0.6％。为了能维护伦敦作为世界级文化城市的声誉,在保护现有世界著名的文化设施和文化遗迹的同时,伦敦政府还大力兴建新的文化设施,近几年的投资规模已达 6 亿英镑。此外,为了能更好地促进文化发展,伦敦政府在《市长文化战略草案》中提出了今后 10 年中将要采取的 13 条文化政策,如政府将更多地投资世界级文化设施的建设和维护、吸引和创办更多的世界级文化盛会、建立文化的特色品牌、推动创意产业的投资和发展、通过文化加强社会的联系、发展文化合作组织、充分发挥公共场所的文化潜力等等。

作为世界时尚与设计产业的重要城市,东京是亚洲乃至世界最集中的出版、印刷、动漫、游戏产业中心之一,创造能力活跃,是世界级的文化消费市场。东京特别是把出版、印刷、包装等产业作为"第一制造业",把文化内容和数字化视听设备的开发结合起来,在版权开发、文化产业链的上游占有明显的竞争优势。东京不仅是当代亚洲流行文化的传播中心,也是世界时尚与设计产业的重要城市。

5.4　上海文化服务"一带一路"国家战略的核心重点

上海文化引领及服务"一带一路"的核心重点为高举文化建设大旗,依托上海已有优势,巩固确定上海桥头堡的地位。确保文化引领,从而促进文化和经济贸易的良性互动。文化建设引进来走出去的重点就是通过教育、体育、旅游等多层次的人文交流。人文交流,即作为国际化大都市引领世界文化潮流,以更开放、更包容的态度融合世界文化。"一带一路"建设不只是沿线国家经济贸易合作,也是沿线国家人文交流互动的过程。上海在这方面既有先发优势,也有后期挑战。上海作为国际大都市,每年吸引的国内外游客量、引进的国外尖端人才量,都居全国前列,这为上海参与"一带一路"提供了前期基础,也使得上海能够快速适应"外来文化"。但是,这也衍生出了新的问题——上海如何保持自身的文化特色?这就需要上海以客观严谨的态度认知人文交流,既能融合各国文化,又能"取精弃粕",发展自身文化,形成世界潮流和地方特色包容兼并的"新海派文化"。

上海要借鉴欧洲、日韩的经验,推"轻"项目走出去,可从推文化产品入手,让影视产业、美食文化产业率先走出去,再带动其他的"轻"项目共同走出去。国与国之间如果缺乏文化的连接和交融,即使是双边的交流曾在特定政治、安全或经济需求的驱动下取得发展,这种关系也十分脆弱,容易破裂。

5.5　上海文化服务"一带一路"国家战略的主要抓手

5.5.1　推进"人类命运共同体"建设,教育承担重大使命

1. 借鉴"上海合作组织大学"模式,倡议成立"一带一路大学"

2007 年 8 月 16 日,在上海合作组织比什凯克元首峰会上,俄罗斯时任总统普京倡议成立"上海合作组织大学",得到各成员国的一致赞同。上海合作组织大学

的目的和任务：加强上海合作组织成员国间的互信和睦邻友好关系；推动在教育、科研和技术领域里的一体化进程；为拓展教育、科研、文化合作增添新的动力；为青年人接受高质量的现代化高等教育，为教师和科研人员开展学术交流提供更多的机会；促进上海合作组织成员国间在政治、经济贸易、科学技术和文化领域里的合作，使其更加富有成效。

上海合作组织大学多边合作的法律基础有 3 个层面：(1)政府层面，2006 年 6 月15 日在上海签订的《上海合作组织成员国政府间教育合作协定》；(2)政府教育主管部门层面，2008 年 10 月 23 日在阿斯塔纳签订的《上海合作组织成员国教育部关于为成立上海合作组织大学采取进一步一致行动的意向书》；(3)学校层面，2010 年 4 月26 日在莫斯科签订的《哈萨克斯坦共和国、中华人民共和国、吉尔吉斯共和国、俄罗斯联邦和塔吉克斯坦共和国高等学校关于成立上海合作组织大学的合作备忘录》。

目前，上海合作组织大学项目院校有来自上海合作组织 5 个成员国的 75 所院校组成，其中哈萨克斯坦 14 所、中国 20 所、吉尔吉斯 9 所、俄罗斯 22 所、塔吉克斯坦 10所，共 7 个专业方向(区域学、生态学、能源学、IT 技术、纳米技术、经济学和教育学)。中方项目院校 20 所(北京大学、清华大学、华中科技大学、首都师范大学、北京外国语大学、黑龙江大学、新疆大学、大连外国语大学、琼州学院、兰州大学、山东大学、东北师范大学、华北电力大学、中国石油大学、哈尔滨工业大学、兰州理工大学、吉林大学、长春理工大学、大连理工大学、新疆师范大学)(孙凌云，2006；王雪，2013)。

中方有北大等 20 所高校参与"上海合作组织大学"，中国校长办公室设在大连外国语大学。但上海合作组织大学并没有上海的高校参与。上海如果错过了"上海合作组织大学"，能否发起成立"一带一路大学"？"一带一路大学"的目的和任务可与上海合作组织大学相似，即：加强"一带一路"沿线国家间的互信和睦邻友好关系；推动在教育、科研和技术领域里的一体化进程；为拓展教育、科研、文化合作增添新的动力；为青年人接受高质量的现代化高等教育，为教师和科研人员开展学术交流提供更多的机会；促进"一带一路"沿线国家间在政治、经济贸易、科学技术和文化领域的合作，使其更加富有成效。上海牵头成立"一带一路大学"，为"一带一路"沿线国家高官高管提供培训计划，使其熟悉中国文化，为将来中国和相关国家的联系建起桥梁。具体操作模式可以通过研讨会的形式，借鉴上海合作组织大学的运作模式办学。

2. 增设沿线国家小语种专业,扩大招生规模

"国家外语人才资源库"高校外语专业招生情况统计表明,目前我国"一路一带"重大战略面临小语种人才匮乏的瓶颈。"一带一路"覆盖的国家,官方语言超过40 种,而我国 2010—2015 年高校外语专业招生的语种只覆盖其中的 20 种(王亦琛,2015)。在已招生的 20 个小语种专业中,11 个语种的在读学生数量不足 100人,波斯语、土耳其语和斯瓦希里语 3 个语种的在读人数均在 50-100 人之间,希腊语、希伯来语、孟加拉语等 8 个语种的在读人数种均不足 50 人。"一带一路"建设是国家的重大战略+,但"语言不通则不能人心相通",因此,教育部正在制定相关规划,加强小语种人才的培养。"一带一路"战略的实施,在国内掀起了小语种热潮。北京外国语大学、广东外语外贸大学等各大外语类高校纷纷开办小语种新课程,小语种专业发展前景光明。上海高校的小语种主要集中在上海外国语大学,大约 20 种左右,与"一带一路"沿线国家 40 种官方语言需求相距一半。

表 5.1　上海高校开设小语种情况

语　种	高　校
日　语	上外、复旦、华师、同济、交大、上财、上大、华政、华理
德　语	上外、复旦、华师、同济、交大、华政、华理
俄　语	上外、复旦、华师
法　语	上外、复旦、华师
朝鲜语	上外、复旦
印度尼西亚语	上外
波斯语	上外
泰　语	上外
越南语	上外
瑞典语	上外
西班牙语	上外
意大利语	上外
葡萄牙语	上外
希腊语	上外
荷兰语	上外
乌克兰语	上外
匈牙利语	上外
希伯来语	上外
土耳其语	上外
印地语	上外

为了响应国家号召,上海市教委需主动统筹小语种数量,与上海各高校进行协商,就"一带一路"沿线国家进行需求调研,扩大小语种门类。力争涵盖至少 30 种语种的小语种专业。专业可以集中在外语类优势院校,譬如上海外国语大学。同时也可以邀请其他院校的外语学院为国家战略贡献力量。

鼓励中国学生去沿线国家留学交流。相比美国、英国等传统热门留学目的地国家,"一带一路"沿线国家的留学费用普遍相对较低,比如白俄罗斯和俄罗斯,留学生一年的全部费用(生活费和学费)大约只需 5—10 万元人民币。而且,"一带一路"沿线大多属于小语种国家,留学投入产出回报率较为可观,毕业后比较容易找到工作岗位。

3. 服务一带一路战略,加大专业人才培养力度

服务于"一带一路"建设,教育特别是高等教育,首先和主要的任务是人才培养。"一带一路"建设需要什么样的人才呢? 除了需要小语种人才外,还需要一大批专业人才,如交通、信息、能源基础设施,贸易与投资,能源资源,货币金融互联互通等方面的专业人才,概括地讲为工程建设和经济贸易人才。原因如下:

第一,大量的基础设施建设,需要庞大的不同领域的工程技术、项目设计与管理等专业人才。据亚洲开发银行的评估报告显示,2010 至 2020 年,亚洲各国累计需要投入 7.97 万亿美元用于基础设施的建设与维护,涉及 989 个交通运输和 88 个能源跨境项目。这些项目的建设完成,需要数以十万乃至百万计的铁路、管道、电力、公路、港口与通信等产业的工程建设、设计施工、质量控制与保障、经济管理人才,要加强工程、政治、经济、管理等各领域的专家协作。

第二,区域性经贸往来和良好秩序的形成,需要大量的国际贸易人才。"一带一路"正在形成除大西洋贸易轴心和太平洋贸易轴心之外、新的以亚欧为核心的全球第三大贸易轴心。区域国家经济增长对跨境贸易的依赖程度较高。亚投行成立后的首个项目即是"丝绸之路经济带"的建设,这就急需大量懂得资本运作、货币流通、贸易规则制定、通晓国际规则的人才。

上海市教委应就相关人才培养与上海各高校进行协商,明确"一带一路"人才培养规模和具体专业,在目前已有专业基础上,建设"一带一路"相关专业。

4. 服务"一带一路"建设,扩大来沪留学生招生规模

服务"一带一路"建设,要扩大来沪留学教育,培养适需的境外人才。留学生教育

已经成为一个国家提升国际影响力、拓展教育市场的重要工具。改革开放以来,上海高度重视来华留学教育工作,来华留学教育的规模与质量稳步提升。就来华留学生规模而言,已占全球留学生份额的 8%,成为世界第三大留学生输入国。但在国际教育市场上,与美国、澳大利亚、英国这些最大受益国相比,我国仍处于"逆差"状态。

长期以来,来华留学生教育的重心是少数发达国家,一些高校认为只有招收欧美学生才能体现教育国际化的水平与实力。但从服务国家"一带一路"重大战略布局和教育的长远目标看,应重点扩大"一带一路"沿线国家来华留学生;政府奖学金名额要进一步扩大并向"一带一路"沿线国家倾斜。

上海"一带一路"沿线国家留学生人数以复旦大学 2015 本科留学生人数统计为例:

第一,2015 年复旦大学本科外国留学生人数为 108 人,其中"一带一路"沿线国家留学生人数为 88 人。

表 5.2　复旦大学 2015 本科"一带一路"沿线国家留学生人数(人)

国　家	人　数	国　家	人　数
韩　国	63	老　挝	1
日　本	16	菲律宾	1
土耳其	1	缅　甸	1
印度尼西亚	1	越　南	1
新加坡	2		

资料来源:复旦大学官方网站。

第二,2015 年复旦大学汉语言(对外)专业本科外国留学生人数为 42 人,其中"一带一路"沿线国家留学生人数为 41 人。

表 5.3　2015 年复旦大学汉语言(对外)专业本科"一带一路"沿线国家留学生人数(人)

国　家	人　数	国　家	人　数
韩　国	28	土耳其	1
日　本	7	印度尼西亚	1
泰　国	1	哈萨克斯坦	1
俄罗斯	2		

资料来源:复旦大学官方网站。

第三,2015 年复旦大学 MBBS Program 专业本科外国留学生人数为 36 人,其中"一带一路"沿线国家留学生人数为 25 人。

表 5.4　2015 年复旦大学 MBBS Program 专业本科"一带一路"沿线国家留学生人数(人)

国　家	人　数	国　家	人　数
印　度	6	缅　甸	2
泰　国	6	孟加拉国	2
韩　国	2	俄罗斯	1
马来西亚	2	日　本	1
巴基斯坦	2	斯里兰卡	1

资料来源:复旦大学官方网站。

从表 5.2,5.3,5.4 来看,大部分国际学生来自韩国和日本,其他沿线国家留学生人数较少。

"一带一路"建设的合作重点"设施联通、贸易畅通、资金融通"中所涉及的学科专业在来华留学生教育中有不少尚属空白。为此,上海市要从战略高度,统筹规划沪上高校吸纳"一带一路"沿线国家来华留学生的学科专业,集中优势资源,做强与"一带一路"重大战略密切相关的特色学科专业,吸纳他们在这些学科专业学习,使他们来华学得好,回国用得上,发挥好作用。

目前上海大部分国际学生均来自韩国和日本。其他沿线国家留学生人数较少。上海可以采取大规模招收留学生,采取学费减免、奖学金、学分认证、英文授课以及实习就业机会等优惠措施,加大对沿线留学生的吸引力度。

5. 大力开展文化交流,加大孔子学院数量投入

截至 2015 年 12 月 1 日,全球 134 个国家(地区)建立了 500 所孔子学院和 1 000 个孔子课堂。孔子学院设在 125 国(地区),其中,亚洲 32 国(地区)110 所,非洲 32 国 46 所,欧洲 40 国 169 所,美洲 18 国 157 所,大洋洲 3 国 18 所。孔子课堂设在 72 国(科摩罗、缅甸、马里、突尼斯、瓦努阿图、格林纳达、莱索托、库克群岛、欧盟只有课堂,没有学院),其中,亚洲 18 国 90 个,非洲 14 国 23 个,欧洲 28 国 257 个,美洲 8 国 544 个,大洋洲 4 国 86 个。

孔子学院的宗旨是帮助世界各国人民学习汉语、了解中华文化、增进中外人民之间的友谊。发展孔子学院与实施"一带一路"之间存在许多契合点。数据显示,

上海本市 10 所高校仅开办了 43 所孔子学院。上海孔子学院的数量仅为全球孔子学院数量的 8%,这与上海在全国的地位极其不符。上海市教委需出台相关政策,借"一带一路"契机,鼓励沪各大院校申办"一带一路"沿线国家的孔子学院建设。

表 5.5　目前上海设置的孔子学院数量

学　　校	孔　子　学　院
上　　外	大阪产业大学孔子学院(日本)、撒马尔罕孔子学院(乌兹别克斯坦)、赛格德大学孔子学院(匈牙利)
同济大学	日本樱美林大学孔子学院、韩国庆熙大学孔子学院、日本立命馆大学孔子课堂、日本高岛孔子课堂
上海大学	泰国宋卡王子大学普吉孔子学院、土耳其海峡大学孔子学院
华东理工大学	以色列理工学院孔子学院
上海师范大学	日本福山大学孔子学院
上海对外经贸大学	卢布尔雅那大学孔子学院(斯洛文尼亚)、萨格勒布大学孔子学院(克罗地亚)

6. 积极推动教育合作和学术科研交流,支持青少年交流活动

上海应依托自身优势开办上海地区"一带一路"国家合作办学项目。2015 年上海在 14 所高校开办 21 个"上海暑期学校"项目,首设"一带一路"项目。这是一个良好的开端。致力增强上海教育的国际影响力、发展外国留学生事业、促进国际人文交流的"上海暑期学校",今年新增"一带一路"国家项目,该项目由上海外国语大学承办。在为期一个月的学习中,外国学生既可以在教室里聆听专家开设的中国当代国情、中国经济、中国证券等讲座,也可通过大量影像资料了解当代上海、当下中国的发展现状。2015 年"上海暑期学校"的 21 个项目自 6 月以来陆续在复旦大学、上海外国语大学等 14 所高校开班。

5.5.2　打造文化旅游产业链,积极与沿岸国家签订旅游备忘录

"一带一路"上不同肤色、不同民族的人在熙来攘往中相互学习,彼此借鉴。根据中央电视台"数说命运共同体"访谈,旅游是"民相亲,心相通"的重要纽带。根据调查,与"一带一路"沿岸国家的交往中商务交往只位居次席,占据第一位的是观光旅游。亚洲旅游资源丰富,随着出国旅游的人数增多,上海应该发展"海上丝绸之

路"特色旅游项目,让旅游合作和互联互通相互促进。

上海应积极与"一带一路"沿线国家签订旅游合作框架协议、旅游合作备忘录等整体性协议,深化旅游业规划和资源开放、行业监管、公共服务等领域的国际合作。促进更多的上海游客到沿线国家旅游观光,支持上海企业到沿线国家开展旅游投资合作,建设旅游酒店、旅游景区以及旅游基础设施。与沿线国家华人商(协)会、大型旅行企业合作,开设上海驻海外旅游合作推广中心。

5.5.3 推动政府体育部门和民间体育社团的互访,举办体育交流活动

在体育产业大发展之际,上海要紧密围绕"一带一路"沿线国家的相关城市,创新办赛模式,促进体育产业的国际发展,并以各种赛事扩大上海在"一带一路"沿线的影响力。努力将上海国际赛事品牌打造成为以体育赛事拉动办赛城市经济、文化增长的优秀代表。例如,2015 年 10 月 15 日—18 日举办的上海国际飞镖公开赛,参赛的"一带一路"沿线国家包括日本(夺冠)、韩国和菲律宾。由吉尔吉斯斯坦发起国际伊塞克湖运动会,已经成为上海合作组织每年的正式活动之一。2015 年上海市航海模型国际邀请赛吸引了来自俄罗斯、保加利亚等近 10 个国家和地区的100 多名运动员参加。

目前体育交流大部分集中在东亚,比如韩国和日本。"一带一路"沿线国家的体育活动和比赛有待增强。

5.5.4 加大上海与"一带一路"沿线国家的文化艺术交流

上海文化交流活动内涵丰富,内容广博,第 17 届中国上海国际艺术节上,来自"一带一路"沿线 18 个国家 22 个艺术节的代表,共同发起合作发展倡议,勾勒复兴文化"丝路"雄图。该倡议称,"一带一路"沿线国家和地区的各国艺术节将以"多样、合作、促进、示范"为宗旨,筹划成立"一带一路"艺术节合作发展网络,深入推进各国之间的文化艺术交融。在"一带一路"沿线国家地区艺术节联合发出合作倡议之后,各国将加强彼此之间艺术作品、艺术大师、知名艺术机构等方面的交流。

5.5.5　扩大电视电影媒体交流活动

影视产品可作为一种文化纽带,"轻轻地"把双边的关系更为紧密地连接在一起,达到"一带一路"倡议中提出的"民心相通"的目的。

例如在推动影视产业走出去方面,从早期的好莱坞电影到当代的日韩电视都是成功范例。所谓银幕无国界,这些影视产品的高妙之处,很大一部分在于其生命周期极长,常常可以重新"打包整理"后推向新的市场环境。例如好莱坞电影就在世界各地购买大量的制片厂,采用从美国移进的模式、形态,然后以当地的演员、当地的语言制作节目,大量制作美国"骨"而本地"皮"的节目,令所在国更易接受美国文化、美国价值观。

这些成果的范例都有一个特点,就是"先抓人心,再卖产品"。好莱坞电影号称"在世界任何一角落卖出一尺美国电影片,就能同时卖出一美元的制造业产品"。爱看电影的朋友都知道,好莱坞电影中看到一景一幕几乎都可作商品广告,引人入胜的电影产品则往往能在潜移默化中让观众接受其中的商品,如"007"扮演者带的手表、变形金刚的"原型"汽车。好莱坞更以"3K"也就是让观众看了、上钩了、买了的来形容其推广商品的效果。

上海影响力较强的电影节为每年一度的上海国际电影节:第 18 届上海国际电影节电影作为一门影像艺术,很大程度上体现了一个国家的文化软实力,这些反映当代丝路文化的影片,以电影镜头为纽带,传承丝路精神,弘扬丝路文化,有望增进"一带一路"沿线各国各地区的彼此了解。

从 2015 年开始,上海电影节首设"丝绸之路风貌"单元,让观众通过大银幕了解"一带一路"沿线以及金砖国家的文化风情。

此外,在 2014 年举行的首届丝绸之路国际电影节上,共有 11 个国家的 170 多家片商参与了组委会举办的各类论坛、推介会和电影市场等活动。41 部影片入围"丝路杯"最受观众喜爱的影片,11 个国家的 170 多家片商参与节目与版权交易,总金额约 30 亿元人民币。电影节闭幕式上还发布了《首届丝绸之路国际电影节国际合作共同宣言》,强调"和平合作、开放包容、互学互鉴、互利共赢"的丝路精神。2015 年,在第 18 届上海国际电影节期间,首次举办了"中外影视译制合作高级研修班",来自 20 多个国家和地区的 50 余名文化专家、影视工作者聚在一起,探讨如何把中国电影和电视剧翻译成各自的母语。

上海应充分利用好上海国际电影节这一重要平台。韩国在电视剧推介方面做了大量的工作。上海如果能有一两部电影或者电视剧打入"一带一路"沿线国家的主流媒体,那将为不同文化的理解、融合作出重要的贡献。

5.5.6 推动上海美食文化走出去

除了孔子学院之外,还应该有"孔子食堂",在"一带一路"沿线国家广设有沪菜特色的高端餐厅,学习法国餐厅的做法,可让正宗沪菜餐馆授予认证,协助将上海源远流长的美食文化推广出去。美食文化看似很"轻",但唯美食、美酒不能辜负。上海通过这种"美食文化外交",不但可润物细无声,营造很大的后续效应,影响力直接到达民间,还能带来更多的互访、旅游交流和商业等这些双边交流的"接触区"和"隐性接触区"的机会,促进双边的民心沟通、旅游和商业合作,可谓一举多得。

5.5.7 推动一带一路建设,充分发挥商会作用

在推动"一带一路"建设中,必须充分发挥商会的作用。发挥好企业家交流、沟通和联络信息的作用;激发企业家的能量,利用商会的灵活性和接触广泛性,帮助企业家开展市场挖掘、调研、决策和评估工作;在国外的中国商会,有条件直接和当地地方政府领导人和企业团体领导人沟通,能提高效率减少摩擦,推动了企业的投资合作;充分利用好各类商会,掌握各地区经济政策和市场前沿动态,有助于国家在"一带一路"建设上做好宏观决策;在国外的中国商会能够承担"民间外交"和"公共外交"的职能,实现"民心相通"。

鼓励加强各国文化交流和民间往来,支持丝绸之路沿线国家联合申请世界文化遗产,鼓励更多的亚洲国家地方省区市建立合作关系。与沿线国家共同发掘和保护海上丝绸之路历史文化遗产。由来自中国、吉尔吉斯斯坦、土耳其等国家和地区的 92 家商会、协会和企业共同发起的"一带一路贸易商企业联盟"在上海成立,

是件鼓舞人心的事情。"一带一路"战略构想的提出为相关众多国家和地区密切经贸交流合作、实现投资贸易一体化创造了新的机遇。"一带一路贸易商企业联盟"将通过改善营商环境、搭建共享平台,促进成员单位及所在经济体之间货物、技术、规则、服务、信息、资金和人才互联互通。2015 年秋季,"一带一路贸易商企业联盟"在上海举办"'一带一路'贸易商千人大会",为海内外企业搭建对口洽谈的平台,推动"一带一路"沿线市场的贸易增长。"一带一路贸易商企业联盟"秘书处设在上海进出口商会。上海进出口商会是上海规模最大的外贸行业性组织。此举势必为上海赢得更多的机遇。

5.5.8　扩大上海友好城市建设

目前与上海建交的"一带一路"沿线国家友好城市包含以下多个城市。

表 5.6　目前与上海建交的"一带一路"沿线国家友好城市

城　　市	国　　家	建交时间
横滨市	日　本	1973.11.30
大阪市	日　本	1974.04.18
萨格勒布市	克罗地亚	1980.06.18
大阪府	日　本	1980.11.21
大马尼拉市	菲律宾	1983.06.15
卡拉奇市	巴基斯坦	1984.02.15 11
圣彼得堡市	俄罗斯	1988.12.15
伊斯坦布尔市	土耳其	1989.10.23
海法市	以色列	1993.06.21
亚历山大省	埃　及	1992.05.15
釜山市	韩　国	1993.08.24
胡志明市	越　南	1994.05.14
塔什干市	乌兹别克斯坦	1994.12.15
亚丁省	也　门	1995.09.14
清迈府	泰　国	2000.04.02
迪拜市	阿联酋	2000.05.30

表 5.7　上海各区与相关国外城市建交情况

上海各区	城　市	国　家	建交时间
卢湾区	寝屋川市	日　本	1994.05.12
徐汇区	泉佐野市	日　本	1994.10.21
长宁区	枚方市	日　本	1987.12.16
嘉定区	八尾市	日　本	1986.09.13

目前与上海建交的"一带一路"沿线国家友好城市主要集中在日本。上海若想真正为"一带一路"国家战略出力,那么应该主动与沿岸小国家的城市建成友好关系,促进彼此的交流。

第6章
上海园区"出海"服务"一带一路"战略

20世纪80年代初,中国设立了深圳、珠海、汕头、厦门四个经济特区。30多年来,中国走出了一条依托经济园区改革试验、扩大开放、培育产业和带动经济增长的发展道路。作为中国园区经济的重要组成部分,上海的园区发展具备全国领先水平和自身发展特色,积累了丰富经验和竞争优势。2013年"一带一路"战略提出,开拓了中国企业走出去的新时期和新前景,也为中国园区海外布局提供了新方向和新契机。这一历史背景下,上海有必要且具备条件发挥城市综合优势,通过园区投资、建设、招商、运营等多方面的务实合作以及园区理念、制度、模式的开拓性交流,实现以园区"出海"为战略抓手,探索和引领中国园区经济转型升级的国际化进程,服务于"一带一路"国家战略的推进实施。

6.1 园区"出海"的时代背景与基本内涵

随着投资和生产全球化布局加快,20世纪90年代以来全球范围兴起一股设立经济园区的发展浪潮,中国既是直接参与者,也是较大的受益者。"一带一路"倡议为中国园区经济的国际化提供了战略指引,中国各地区发挥比较优势,推动园区"出海"正逢其时。

6.1.1 全球经济园区浪潮

近年来,世界各国纷纷效仿经济园区的成功经验,希望借助园区方式拓展贸易,吸引投资,带动就业,触发经济增长,全球范围内特别是新兴国家和后发国家正在兴起一股建设经济园区的新浪潮。在南亚和东南亚地区,2005 年印度通过了《经济特区法案》,批准公告的各类经济特区数量已达 1 000 多个,覆盖了印度绝大多数省邦;同年,柬埔寨也通过了经济特区法案,目前已建立 9 个经济特区,就业规模达到 68 000 人。与此同时,湄公河次区域主要国家,如越南、老挝、泰国等通过设立和利用经济特区打造地区"经济走廊"(economic corridor),推进区域一体化进程。在非洲,埃塞俄比亚、卢旺达为创建经济特区制定了详细的全国性战略计划,南非 2015 年通过新法案计划在全国 11 个省建设经济特区。在欧洲,俄罗斯2006 年签署了《俄罗斯联邦经济特区法》修正案,至今已设立工业、旅游、贸易及科技等四类 29 个经济园区,并计划利用特区思路开发西伯利亚地区;波兰凭借1995 年至今 20 多年经济特区优势,长期以来拥有中东欧地区最佳的投资环境。另外,阿联酋、约旦这些经济特区长期的追随者正加速推进经济特区的建立和发展。

经济园区也受到高收入经济体政策制定者的欢迎。新西兰、爱尔兰和美国的经济园区出口规模占全国绝大比重(Singa,2007),日本和卡特尔等高收入经济体建议继续增加经济园区数量(The Economist,2015)。目前全球经济特区的数量已超过 4 300 个,分布在 130 多个国家(ADB,2015)。正如近期世界银行专家Thomas Farole 指出的:"任何一个在十年前没有经济特区的国家,现在不是已经有经济特区了,就是正在计划建立经济特区。"

20 世纪 80 年代起,经济园区在中国相继涌现,30 多年中取得了巨大发展成就,得到世界银行、联合国工业发展组织等国际机构的研究关注与国际社会的认可。1980 年深圳建立经济特区迅速实现经济起飞,到 2014 年,深圳的综合竞争力在中国城市竞争力排行榜上已升至上海、香港和北京之后的第四位,成为世界园区成功的典范。大批经济开发区、工业园区、科技园区等多种类型的经济园区在全国各地陆续建立起来,2006 年版《中国开发区审批公告目录》显示,中国国家级、省级开发区累计约

1 600家。这些园区的设立发展在加快实现工业化和城市化,顺利推进中国经济市场
化和国际化方面发挥了独特作用,有力支撑了中国"奇迹式"增长。

6.1.2　"一带一路"战略指引

从经济角度看,"一带一路"战略是中国经济新常态及全球经济整体低迷的背
景下提出来的,经济内涵体现为经济外交、全球增长、结构调整方面的"三重定位"
(卢峰,2015)。首先,"一带一路"构成新时期的中国大国经济外交新战略。通过
贸易、投资、金融等领域的经济交往合作,扩大和加深与相关国家的经济一体化
联系,从而提升本国资源配置与运营效率的同时,维护与改善外部经济、政治、安
全环境。其次,全球增长新战略。进入 21 世纪以来,全球经济增长的重心已经
从发达国家转向新兴经济体与发展中国家,中国与广大发展中国家的相对贡献
历史性提升,中国对外经济增长的重心正在从发达国家转向新兴经济体与广大
发展中国家。但目前很多发展中国家经济持续增长潜力面临基础设施不足与体
制政策局限两方面瓶颈制约,共建"一带一路"有助于推动中国与沿线国家经济
持续较快增长,同时也为全球可持续增长提供新的解决思路和方案。再者,"一
带一路"沿线国家所处发展阶段不同,亟需借助资本流动和产能合作推进本国结
构调整与经济发展,共建"一带一路"可为中国与沿线国家产能合作与产业结构
调整升级提供广阔平台,持续有效推进中国产业结构、技术结构、区域结构的合
规律调整。

2015 年 3 月,国家发展和改革委员会、外交部和商务部联合发布《推动共建丝
绸之路经济带和 21 世纪海上丝绸之路的愿景与行动》(简称《愿景与行动》),提出
"政策沟通、设施联通、贸易畅通、资金融通、民心相通"实现互联互通的五大合作重
点。一方面,以"愿景"形式给出方向性、框架性、意向性的设计、目标及初步构想,
并期望与沿线国家和地区进一步协商来共同完善;另一方面,又以"行动"形式表明
中国主动承担责任大国立场,并提出了一批务实和可操作的重点领域、工程和项目
(刘乃全等,2015)。"一带一路"的三重经济定位、愿景与行动为中国的对外开放、
经贸合作提出了新要求,也为中国园区经济转型升级的国际化路径提供了战略指
引和目标方向。

6.1.3 园区"出海"基本内涵

经济园区形式不断演化,至今仍是一个范围广泛且划分模糊的综合性概念。广义上讲,园区包括经济特区、自由港、自由贸易园区、出口加工区、科技园、产业园、边境贸易区、保税区、投资促进区、科技工业园区等形式。本章中园区"出海"是中国经济园区发挥比较优势,"走出去"进行海外布局及寻求国际合作的形象化说法,也是中国园区经济发展模式和实践经验在全球范围深化拓展及扩散分享的过程。通过园区"出海",逐步实现中国园区组织形式转变,形成网状形态的"一园多地多点",面向全球化的客户提供全球化、分布式的服务。

具体而言,第一,园区"出海"主体多元化。园区海外合作的发起及参与主体可以而且尽量多元化,涵盖政府、园区内外企业、企业联合体、园区管理或运营机构、园区联盟、行业协会、国际组织及其他个人等。其中,政府以提供园区合作所需的公共服务,发挥鼓励、引导和指导作用为主;园区自身及园区内外相关企业才是推动、实施园区海外合作的首要参与者。第二,园区海外合作内容和形式多样化。既包括中国在海外独立或合资建设园区,也包括园区设计、规划、运营、管理、招商、融资、培训、咨询服务等多个方面合作。另外,进行园区模式的国际交流及依托园区平台的政策沟通、经验分享、信息发布等也构成园区合作的重要组成部分。第三,园区"引进来"与"走出去"相辅相成。过去30多年,中国园区的国际化合作以引进外资企业、在中国本土与国外共建园区等形式为主,今后这一方面应与园区"走出去"结合,特别注重引资引智并重和招商选资。园区海内外联动,共享信息、资源和市场,促使国内园区与全球产业链和价值链接轨。第四,"一带一路"为中国园区"出海"提供了战略指引,通过积极响应国家战略,园区海外布局和国际合作有望取得良好的发展机遇和历史性突破。

园区"出海"并非中国首创,世界上通过园区方式寻求海外合作,服务于企业海外投资和生产布局,日本、韩国及新加坡起步较早并延续至今。例如,2010年日本三菱、住友和丸红集团开发缅甸迪瓦拉,占49%权益,前后投资建设缅甸三大园区。

6.2　中国园区"出海"的实践动向

21 世纪初中国加入世界贸易组织,不断升温的企业"走出去"浪潮推动了中国境外经济贸易合作区政策出台。2006 年 3 月,商务部发布《境外中国经济贸易合作区的基本要求和申办程序》,公开招标遴选海外合作区。经过 2006 年和 2007 年两度招标,在约 120 个报名项目中选出了 19 家企业及企业联合体(表 6.1)。目前,批准项目中有 10 个分布在"一带一路"沿线,其中在非洲的境外经贸合作区成为各界关注和研究的焦点。特别是位于埃塞俄比亚的东方工业园对经济结构转型和工业化起到良好推动作用,受到世界赞赏并吸引了其他后发国观摩、学习和效仿。

截至 2015 年 12 月底,中国企业正在推进的海外合作区共计 75 个[①],其中一半以上是与产能合作密切相关的加工制造类园区,建区企业累计投资 70.5 亿美元,入区企业 1 209 家,合作区累计总产值 420.9 亿美元,上缴东道国税费 14.2 亿美元,带动了纺织、服装、轻工、家电等优势传统行业部分产能向境外转移。

中外园区合作也在积极尝试新方式,中国园区出海与引进外方共建国内园区两者相得益彰。2013 年中俄合作共建"中俄丝绸之路高科技路产业园",两国按照"一园两地、两地并重"的原则,实施国家层面的战略合作。其中,中方园区位于陕西西咸新区沣东新城统筹科技资源改革示范基地,依托陕西科研和现代工业基础,建设以高新技术研发为先导、现代产业为主体、第三产业和社会基础设施相配套的高科技产业园区;俄方园区位于俄罗斯斯科尔科沃创新中心地区,依托莫斯科优越的地理位置和经济技术实力,建设以总部经济为先导、高新技术研发和转化为主体的高科技产业园区。目前该园区已经吸引了俄罗斯苏霍伊商用飞机、北斗导航等一批重大项目落户。此外,2012 年中国与以色列在东莞合作建立了"中以国际科技合作产业园",2015 年底中国和新加坡开始第三个政府间战略合作项目——中新(重庆)战略性互联互通示范项目的合作。

---

① 商务部合作司负责人谈 2015 年我国对外投资合作情况,2016-01-18,http://hzs.mofcom.gov.cn/article/aa/201601/20160101236264.shtml。

表 6.1 中国商务部批准的 19 个经贸合作区(截至 2014 年 3 月)

名　称	所在国	主要开发商	进展情况	是否"一带一路"
海尔—鲁巴家电工业园区	巴基斯坦	海尔集团	运营中,但因安全原因停滞	是
赞比亚中国经贸合作区	赞比亚	中国有色矿业集团	运营中	否
泰中罗勇工业园	泰国	华立集团	运营中	是
西哈努克港经济特区	柬埔寨	江苏红豆集团、无锡光明集团、无锡益多投资、华泰投资置业	运营中	是
广东奥贡自贸区	尼日利亚	珠海中富实业、新广集团	运营中	否
晋非(天利)经济贸易合作区	毛里求斯	太原钢铁、山西焦煤、天利实业	建设中	否
圣彼得堡波罗的海经济贸易合作区	俄罗斯	上海实业集团	商业地产不再归入合作区项目	是
乌苏里斯克经济贸易合作区	俄罗斯	康泰集团、吉信工贸	运营中	是
委内瑞拉中国科技工贸区	委内瑞拉	山东浪潮集团	搁置	否
莱基自由贸易区	尼日利亚	中国铁建、中国土木工程集团、中非发展基金、南京江宁开发区	运营中	否
中国越南(深圳—海防)经贸合作区	越南	深越联合投资有限公司	建设中	是
越南龙江工业园	越南	四川乾盛矿业、浙江海亮集团、浙江协力皮革	运营中	是
墨西哥宁波吉利工业经济贸易合作区	墨西哥	吉利汽车	因企业战略变化取消	—
东方工业园	埃塞俄比亚	江苏其元集团、永钢集团	运营中	否
苏伊士经济贸易合作区	埃及	天津泰达、中非发展基金	运营中	是
江铃经济贸易合作区	阿尔及利亚	江铃汽车、中鼎国际	因投资政策变化取消	—
务安中国国际产业园区	韩国	东泰华安国际投资	搁置	—
中国—印度尼西亚经贸合作区	印度尼西亚	广西农垦集团	运营中	是
中俄托木斯克木材工贸合作区	俄罗斯	中国航空技术、烟台西北林业	运营中	是

来源:结合唐晓阳(2014)整理。

6.3　"一带一路"战略下上海园区"出海"的现实逻辑

　　"一带一路"战略下,上海依托园区平台和园区载体广泛开展国际合作是符合现实逻辑的合理选择。主要体现为:园区"出海"取得了近期国家政策的宏观指引和支持,是园区转型和产业升级的新路经,为企业走出提供有力载体支撑,也是上海提升全球影响力的重要抓手。

　　1. 近期国家宏观政策的支持

　　宏观层面,国家近期连续出台了一系列指导性意见、政策,一致鼓励、引导和支持中国经济园区"走出去"发挥更大作用(表 6.2)。这些政策进一步明确了中国园区出海的意义和方向,一方面,中外园区合作体现国家战略意图,既是打造"一带一路"沿线国际经济走廊的抓手,也是探索投资合作新模式的平台;另一方面,园区海外合作力求双赢,既希望改善"一带一路"沿线国家营商环境、建立产业发展基础、提升经济增长和民生就业,又为中国产业合作和企业走出去创造条件。

表 6.2　中国园区"出海"的宏观指导性政策

代 表 性 政 策	出　　　处
推动国家级经开区"走出去"参与境外经贸合作区建设,引导有条件的区内企业"走出去";探索建立国际合作创新园,不断深化经贸领域科技创新国际合作	《国务院办公厅关于促进国家级经济技术开发区转型升级创新发展的若干意见》,2014 年 12 月
以重点经贸产业园区为合作平台,共同打造新亚欧大陆桥、中蒙俄、中国—中亚—西亚、中国—中南半岛等国际经济合作走廊;探索投资合作新模式,鼓励合作建设境外经贸合作区、跨境经济合作区等各类产业园区,促进产业集群发展	《国家发展改革委、外交部、商务部推动共建丝绸之路经济带和 21 世纪海上丝绸之路的愿景与行动》,2015 年 3 月
积极参与境外产业集聚区、经贸合作区、工业园区、经济特区等合作园区建设,营造基础设施相对完善、法律政策配套的具有集聚和辐射效应的良好区域投资环境,引导国内企业抱团出海、集群式"走出去"	《国务院关于推进国际产能和装备制造合作的指导意见》,2015 年 5 月

代 表 性 政 策	出 处
将沿边重点开发开放试验区、边境经济合作区建成我国与周边国家合作的重要平台。稳步发展跨境经济合作区。加强与沿线国家的产业投资合作,共建一批经贸合作园区,带动沿线国家增加就业、改善民生	中共中央、国务院《关于构建开放型经济新体制的若干意见》,2015年9月
共建境外产业集聚区,推动建立当地产业体系	《中共中央关于制定国民经济和社会发展第十三个五年规划的建议》,2015年10月
重点加快与周边、"一带一路"沿线以及产能合作重点国家、地区和区域经济集团商建自由贸易区;结合周边自由贸易区建设和推进国际产能合作,积极同"一带一路"沿线国家商建自由贸易区,形成"一带一路"大市场,将"一带一路"打造成畅通之路、商贸之路、开放之路	《国务院关于加快实施自由贸易区战略的若干意见》,2015年12月

操作层面,国家部委、地方政府及其他机构近期也提供了许多激励措施。比如,2014年12月商务部提出建设境外经贸合作区示范工程,2015年8月印发用于加强企业指导和服务的《境外经贸合作区服务指南范本》,10月财政部和商务部出台《境外经济贸易合作区考核办法》,进一步完善对境外经贸合作区的管理和服务工作。资金支持上,2015年度财政部和商务部外经贸专项资金也将境外经贸合作区列入重点支持项,国家开发银行、中国进出口银行等金融部门提出支持国内产业集群"走出去",为合作区建设提供投融资等服务。①除国家支持外,江苏、天津等地方省市进一步提供配套支持措施。国家政策的宏观指引、部门激励措施跟进及地方政府积极推动下,中国"园区出海"的进程将不断加快。上海需要认清这一园区发展形势并加紧行动起来。

2. 园区转型与产业升级新路径

当前中国经济园区不同程度上面临总体绩效偏低、资源环境条件束紧、产能过剩、产城分离、管理体制不顺及效率与公平冲突等诸多现实困境,亟须实现功能转

---

① 参阅《商务部、国家开发银行关于支持境外经济贸易合作区建设发展有关问题的通知》(商合函〔2013〕1016号),《中华人民共和国商务部与中国进出口银行支持国家经济技术开发区转型升级创新发展战略合作协议》(商办资函〔2015〕104号)。

型与产业升级。就园区转型而言,基于不同园区特征的现实考察和分析表明,当前及未来一段时期主要有四大路径指向。一是存量意义上提质增效,利用"二次开发"等方式,倒逼园区由要素驱动转向创新驱动。比如,结合早期出让的工业用地使用年限陆续到期的情况,2014 年上海推行工业用地新政,包括工业用地出让年限缩短至 20 年、弹性年期及闲置、低效工业用地退出机制等。二是区域协同共建,推动处于不同生命周期阶段、不同产业链和价值链环节的园区实现优势互补和分工协作。该方面长三角地区起步较早,2006 年左右苏南苏北合作兴起,2010 年 30 多家园区和大型企业集团发起长三角园区共建联盟,截至 2013 年长三角共建园区达到 200 余家,2015 年国家又在推动长江经济带 11 省市国家级、省级开发区为载体促进产业转移和生产要素跨区域流动及优化配置[①],但目前合作共建与利益共享机制亟须完善。三是实现产城融合,结合新型城镇化要求,围绕园区形成紧凑型的新区新城,由工(产)业化功能向城市化功能转变。建立开发区是中国城镇化的七种推进模式之一(李强等,2012),中国现有新区新城大多数以开发区为发展起点,如上海浦东新区、天津滨海新区、大连新市区以及广州南沙新城等。最后即园区"出海",积极推动中国经济园区寻求海外布局,探索国际合作的可能及方式。不同于上述三者着眼国内的做法,园区"出海"作为经济园区转型的"第四条道路",是利用国际市场、资源,在服务中国产品输出和资本输出过程中进一步拓展发展空间。

同时,发挥产业园区在产业转型升级中的主阵地作用,利用产业园区的产业集聚和溢出效应推动园区产业由制造业为主向制造业和服务业融合转变,使园区成为推动制造业向服务型制造转变的主体。推动园区功能由生产功能向生产、生活、生态"三生协调"现代化城市功能区转变,需要中国园区"出海"争取时间和拓展空间,激发园区企业活力和国际竞争力,带动产业转移和产业升级。

3. 企业"走出去"的载体支撑

通过与"一带一路"沿线国家共建产业集聚区和产业园区形式,引导企业集中和产业集聚,一方面,有助东道国打造产业集群,中外企业共享集聚经济带来的学习(learning)、劳动力匹配(pooling)和要素分享(sharing)等多种效应(Puga and

---

①　参阅国家发展和改革委员会《关于建设长江经济带国家级转型升级示范开发区的实施意见》(发改外资〔2015〕1294 号)。

Duranton, 2004);另一方面,依托园区平台极大降低了企业的信息搜寻成本、交易成本和单一企业所面临的不确定性风险,有利于企业抱团走出去以及与海外企业形成良好的分工与协作关系。特别是,制造业企业通常具有资产专用性较强、前期厂房建设和购买机器等固定投资比重大、回收期较长以及追求规模经济的特点,产品后端投入和生产的供应链及前端营销体系都对制度稳定性、政策连续性具有较高依赖。园区提供的软硬基础设施及营商环境直接影响制造企业投资决策,作为中国制造业企业走出去的载体支撑作用更为突出。

2014 年中国成为第二大对外直接投资国,"一带一路"沿线是中国企业对外投资的热点地区,占对外直接投资 20%左右。"一带一路"战略下,装备制造业及其他高端制造业,是各地区当前及未来一段时期走出去企业及海外投资合作的重点领域和主要行业。据《上海企业对外投资合作年度发展报告(2015)》显示,2014 年不包括在国(境)外利润再投资和通过第三地的投资,上海对外直接投资规模已突破百亿美元,并实现 185%的同比增长,增幅居全国第一。对外投资行业目前实现多元化,包括制造业、租赁和商务服务业、房地产业、批发和零售业,以及信息传输、软件和信息技术服务业等。2015 年前 10 个月上海对"一带一路"沿线国家和地区的投资呈"井喷式"增长,达到 92 亿美元,同比增 24.8 倍;沿线国家和地区对上海的投资也稳步增长,投资额达到 28 亿美元,增幅45.2%。①未来"一带一路"沿线上海企业对外投资合作的行业分布中制造业位居前列。这意味着作为中国企业境外投资的新模式,上海及全国其他地区可以依赖园区合作的形式,发挥园区载体支撑作用,加快企业抱团走出去步伐,促进沿线国家就业和产业发展,打造新的供应链和价值链,加深中国与域内国家的产业融合。

4. 提升上海全球影响力的巧抓手

上海城市发展的历史轨迹表明,不同于国内多数地区,上海的发展成就、城市定位及其影响力都与全球化紧密联系,需置于国家总体战略中认识。在上海新一轮城市总体规划中,上海的城市定位已经发生变化:在 2020 年基本建成"四个中心"和社会主义现代化国际大都市的基础上,2040 年要努力建设成为具有全球资源配置能力、较强国际竞争力和影响力的全球城市。未来上海更多代表中国参与全球竞争,建

---

① 《2016 上海首要任务是改革开放　力推"一带一路"和企业"走出去"》,一财网 2016-01-24。

设全球城市需要在硬件和软件等各个方面多举措、全方位打造和提升国际影响力。

依托上海园区平台深化改革、扩大开放、创新发展以及广泛开展国际化合作，是提升上海全球影响力和辐射力的重要抓手。正如 20 世纪 90 年代依托浦东开发开放和浦东新区的成立，上海实现了经济增长的持续快速跃升，2008 年经济总量超过香港、2010 年超过新加坡。2013 年 9 月国务院正式批准设立中国（上海）自由贸易试验区，作为一项主动应对国内外经济环境形势变化的国家试验和国家战略，聚焦制度改革创新和服务业开放，进一步丰富了中国园区经济的内涵，并为上海建设全球城市提供了历史性机遇。2014 年扩区后的上海自贸试验区范围涵盖了上海市外高桥保税区、外高桥保税物流园区、洋山保税港区和上海浦东机场综合保税区、金桥出口加工区、张江高科技园区和陆家嘴金融贸易区七个区域，代表了上海的开放高地。"一带一路"战略下，通过上海自贸试验区接轨国际规则，打造开放度最高的自由贸易区，进一步引导全国范围其他园区梯度对接上海自贸试验区，形成联动改革和开放互动的局面，上海的开放性和全球影响力及辐射力将逐步提升。

6.4 上海园区"出海"服务"一带一路"的基础优势

上海园区经济不仅具有全国相对领先的总体优势，还拥有自身的发展特色，在园区国际化合作方面也积累了一定的经验。依托园区已有基础和发展优势，上海通过园区"出海"服务于"一带一路"国家战略是现实可行的选择。

6.4.1 上海园区经济实践与实力的积累

经过 30 多年开发、建设、运营、管理的实践探索，上海经济园区积累了制度、人才、财力、贸易、投资等多方面发展优势。一是上海园区起步较早，不同功能类型园区相继设立，积累了丰富的实践经验。1983 年上海成立了闵行、虹桥和漕河泾三大开发区，1990 年随着浦东开发开放，浦东新区内相继成立了陆家嘴金融贸易区、上海金桥进出口加工区、外高桥保税区、张江高科技园区，2013 年设立了中国（上海）自由贸易试验区。另外，在探索中心城区改造和都市型产业发展方面，上海利用原先的工业老厂房转化出一批文化创意产业园区、科技园区和都市工业园区。仅文化创意类园区(含上海市创意产业集聚区和上海市文化产业园区)达到126家,比如,M50创意园被《时代》杂志亚洲版列为上海文化地标之一。特别是,上海每一轮园区经济发力都较好地配合了上海城市的国家战略定位和转型发展。

二是上海园区国际化水平高,绩效总体较好,有实力引领全国园区转型升级。2013年103家园区平均入驻世界五百强企业10家,其中:外高桥保税区、漕河泾开发区、张江高科分别达236家、146家和128家。[1]上海园区呈现总部经济特点,较深地嵌入全球产业链和价值链,与全球生产和贸易网络建立了广泛的联系。同时,上海闵行、漕河泾、金桥、松江、虹桥、化工六大国家级经开区带领的经济开发区,形成了明显的发展优势。2015年上海国家经开区进一步明确转型升级方向[2],智能制造为主的先进制造业和研发、科技服务为主的生产性服务业,以及商贸、会展、国际仲裁等为特色的绿色、智慧商务区和石油、精细化工及化工新材料等为特色的专业开发区等多方面优势继续巩固提升(表6.3)。另外,1992年成立的上海张江高新科技开发区已成为上海乃至中国技术创新的样板和高科技产业的龙头。目前,张江园区注册企业1万余家,初步形成了以信息技术、生物医药、文化创意、低碳环保等为重点的主导产业,第三产业占2/3以上。其中,集成电路领域发展迅速,集中了全国40%的集成电路企业,涉及设计、封装、测试、设备等产业链的多个环节,芯片制造业生产能力占到全国的70%左右。

6.4.2　上海园区相对灵活的公司化运作模式

上海是最早采用园区公司化模式的城市。早期的三大开发区,园区多为上市公司。不同于中国园区普遍实行管委会和园区管理公司"双轨制"的管理方式,即俗称的"一套人马,两套班子",上海的多数园区开始即尝试公司化模式,形成了相对灵活的公司化开发、建设、运营和管理体制机制。

---

[1]　上海市经济和信息化委员会,《2014年上海市开发区综合评价结果》http://www.sheitc.gov.cn。

[2]　2015年9月,上海市政府发布《关于促进上海国家级经济技术开发区转型升级创新发展的实施意见》(沪府办发〔2015〕38号)。

表 6.3　上海六大国家级开发区的优势与定位

名　称	基　本　情　况	发　展　优　势	未　来　方　向
上海闵行经济技术开发区	1983 年创建,上海最早成立的两个国家级开发区之一;1986 年认定为国家级;2006 年临港成功扩区,规划面积 13.3 平方公里	重点发展现代装备工业和先进制造业;形成机电产业(轨道交通、电站设备)、医药医疗产业(血制品、常用药物)和轻工产业(食品、饮料)为辅的三大产业	重点发展以智能制造为主的先进制造业和以研发、科技服务为主的生产性服务业
漕河泾新兴技术开发区	1988 年国务院批准的国家级经开区、高新技术产业开发区;2004 年,国务院批准新建浦江高科技园	信息(微电子、光电子、计算机及软件、移动通信)、新材料、航天航空、生物医药,现代服务业五大产业集群;研究开发、技术创新、网络运行、金融数据和服务贸易五大功能中心。创建循环经济生态工业园	重点发展以智能制造为主的先进制造业和以研发、科技服务为主的生产性服务业
上海金桥经济技术开发区	1990 年成立,总规划面积 27.38 平方公里,分为北区和南区;2013 年更名上海金桥经济技术开发区;全国开发速度最快、投资强度最大、科技投含量最高,产出效益最好的开发区之一	金桥北区发展先进制造业、生产性服务业、生活居住和综合配套服务;金桥南区发展出口加工、保税物流、研发设计和维修服务。形成电子信息、汽车制造及零部件、现代家电、生物医药与食品加工主导的金桥高科技产业,构筑上海规模最大的先进制造业基地	重点发展以智能制造为主的先进制造业,进一步发展以研发、科技服务为主的生产性服务业
上海松江经济技术开发区	上海首家市级工业区,位于上海市西南,千年古城松江的东西两翼;2013 年升为国家级经开区	打造特色产业集聚区,布局新兴产业基地,规划生产性服务业功能区和现代服务业集聚区;西部科技园区建设新兴产业化基地,形成企业总部,软件信息服务业板块、中国纺织服装品牌创业园、佘山环保企业中心为主体的服务业集聚区、出口加工区发展现代物流和进出口商品交易展示中心	智能制造为主的先进制造业和科技服务为主的生产性服务业成为未来的重点发展领域

续表

名　称	基　本　情　况	发　展　优　势	未　来　方　向
上海虹桥经济技术开发区	1983年开发建设，1986年国务院批准为国家级，规划面积0.652平方公里，全国最早的国家级开发区之一	全国唯一以商贸中心为特征、兼具旅游居住和外事活动功能的国家级开发区；现12幢经济楼宇共有1 400家企业或机构入驻，其中，服务业企业或机构有817家，占总数的58%；制造企业的总部或代表处583家，占总数的42%	成为以商贸、会展、国际仲裁等为特色的绿色、智慧商务区
上海化学工业经济技术开发区	位于上海市南端、杭州湾北岸，横跨金山和奉贤两区，1996年启动建设，现管理面积36.1平方公里	石油和天然气化工为重点，发展合成新材料、精细化工等石油深加工产品，异氰酸酯、聚碳酸酯等产品系列，构建乙烯工业化产业示范基地、国家级经济开发区、国家生态工业示范园区、国家循环经济工作先进单位	成为以石油、精细化工及化工新材料等为特色的专业开发区

比如,漕河泾新兴技术开发区经过 20 多年的锤炼成为国内最具代表性的产业推动者和科技园区开发经营者,2 500 多家中外高科技企业入驻,产值超 2 500 亿人民币,是上海国家级开发区中唯一一家综合实力排名全国前十的园区,单位面积的投入和产出指标多年蝉联全国开发区第一。一条重要"基因"即没有管委会、纯市场化运作的规范化园区,由上海市漕河泾新兴技术开发区发展总公司统一负责开发区的开发、建设、经营、管理和服务,具体包括开发区的基础设施建设、资金筹集和运用、土地开发和土地使用权转让、房产经营,创造投资环境,吸引国内外资金和先进技术,兴办各类企业及技术和产品贸易等综合服务;并行使市政府授予的部分管理事权,包括外资项目初审权、入区项目规划方案预审权、入区项目环保预审权、高新技术企业认定的初审、在地化统计及人才引进等。"政府眼中的企业,企业眼中的政府",这一角色让漕河泾作为一个专业的园区开发经营者走出去进行品牌输出,成为上海所有开发区中连锁经营最多、"走出去"最多的园区。值得一提的是,上海紫竹高新技术产业开发区是目前我国唯一以民营企业为开发主体的国家级高新区。上海紫竹高新区(集团)有限公司,注册资本 20 亿元,其中民营企业上海紫江集团和紫江企业集团各占股 50.25% 和 4.75%、市属投资公司联合投资占股 20%、闵行区和吴泾镇所属资产投资公司各占 10%、上海交大所属投资公司和基金会各占 2.5%。将民营资本引入高新区的建设,并按市场化方式运作,是紫竹高新区对我国高新区开发模式的创新。

6.4.3　上海园区国内外合作的经验储备

园区国内合作方面,共建园区已是长三角及长江经济带合作的重要内容。早在 2010 年,漕河泾新兴技术开发区就与苏州工业园区等 30 多家园区和大型企业集团发起了"长三角园区共建联盟";同年长三角城市经济协调会议将长三角园区共建列入合作专题。截至 2014 年,上海、江苏、浙江、安徽四省市间参与合作共建园区已逾 200 个。其中,上海与周边地区积极共建异地工业园区 30 多家,创造了合作新模式,促进了长三角一体化。典型的共建园区有上海外高桥(启东)产业园、上海漕河泾新兴技术开发区海宁分区、合肥经济技术开发区创新创业园等(见表 6.4)。2015 年,上海张江高新区又联合武汉东湖新区、重庆两江

表 6.4 上海在长三角地区跨省共建园区

园区名称	合作方	产业定位	省份
上海嘉定工业区建湖科技工业园	上海嘉定工业区，江苏盐城建湖县	机械产业、绿色照明产业	
上海西郊工业园区东台工业园	上海西郊工业园全额出资	机械制造、电子电气、新材料	
上海南汇工业园区响水工业园	上海出资3 000万元，占60%，响水出资2 000万元，占40%	电子信息、纺织服装、机械加工	
上海漕河泾新兴技术开发区盐城工业园	上海占60%，盐城占40%	新能源汽车及汽车零部件、新光源和新能源装备制造、生产性服务业和区域总部经济	
上海市工业综合开发区滨海工业园	上海方占60%，滨海方占40%	泵阀机械、高新技术、新型材料等	江苏省
上海闵行盐都工业园	注册资本5 000万元，其中莘庄工业园出资3 000万元	通讯电子产业	
上海外高桥（启东）产业园	上海外高桥保税区，启东滨海工业园各占股本60%和40%	高端机械、电子产业	
上海嘉定汽车产业园区亭湖工业园	注册资本5 000万元，其中上海嘉定汽车产业园2 000万元	汽车零部件、光伏新能源、电子、通讯	
上海杨浦（海安）工业园	海安县与上海杨浦区共建	电子制造业和机械装备业	
复旦大学海门远达科技创业园	江苏海门，上海复旦远达科技发展有限公司，上海复旦舒置业有限公司	科研成果产业化	
合肥创新创业园	合肥经济技术开发区上海漕河泾高新技术开发区	新兴科技产业、服务外包	

续表

园 区 名 称	合 作 方	产 业 定 位	省 份
上海徐汇（国家级）软件基地马鞍山软件园	马鞍山花山经济开发区、上海徐汇国家级软件基地	电子信息、三网融合、生物医药镜像检测、动漫及衍生产品	
池州市长宁产业园	安徽池州市、上海长宁区	现代制造业	安徽省
白茅岭飞地经济园区	广德县、上海市	机械电子配套	
南谯川沙工业园	滁州南谯工业园上海川沙功能区	机械加工	
上安铜由工业园	含山县铜闸镇工业园上海奉贤区南桥镇光明 A3 工业园	机械加工、纺织	
上海漕河泾新兴技术开发区海宁分区	沪浙首个跨省合作共建开发区	电子信息、汽车零部件等先进制造业和现代装备，新能源，新材料，机械装备，新能源服务业	浙江省
张江杭州湾科技园	上海金山区、上海张江科技园发展有限公司、浙江平湖市	国际化生态智慧型科技新城	
上海张江平湖科技园	平湖市政府、上海张江高新技术产业开发区	制造业、现代服务业、现代农业	

来源：作者整理。

新区、南京高新区和合肥高新区共同牵头成立了长江流域园区合作联盟,发布国内首个长江经济带一体化指数和园区投资指数。通过共建园区,一方面,上海的传统产业梯度转移到周边地区;另一方面,上海依托自身产业和园区优势,新能源、电子信息等高新产业及知识创新和技术研发发挥了辐射溢出效应。另外,上海莘庄工业区与滁州经济技术开发区、盐城与上海共建园区等为代表的一批园区不断探索出合作共建和利益共享机制。

园区国际合作方面,上海积极顺应我国企业"走出去"战略及中外经贸发展的大趋势。2007年,上海实业集团投资俄罗斯圣彼得堡波罗的海经济贸易合作区,以房地产开发为主,建成宾馆、商贸、办公、餐饮、文化、教育和休闲等设施。其中"波罗的海明珠"项目由上海实业集团联合百联集团、锦江国际集团、绿地集团、上海工业投资集团、上海建工集团、爱建集团等多家企业集团共同投资建设,项目总规划面积约205公顷,总建筑有效面积约176万平方米,预计项目建成后居住人口约3.5万人,是目前中国在俄罗斯最大的公用投资项目。

6.5 上海园区"出海"服务"一带一路"战略的相关建议

6.5.1 把握园区经济发展动态与园区政策导向

一是追踪中国园区经济发展动态和世界园区发展潮流。中国的大国经济特点决定了不同省份园区发展阶段和层次水平存在较大差异,各地与上海园区之间同时存在竞争关系和潜在合作空间,上海借助园区合作进一步巩固提升在全国转型发展中的地位和优势是应有之义。与此同时,要紧跟世界先发国家园区前沿发展趋势,寻找国际合作机遇。二是深入总结上海园区经济实践经验和发展模式。比如,上海较好的园区公司化运作模式、跨区域合作方式、利用园区城市更新等,需要通过调研、总结、分析和提炼,形成上海园区经济的优势和特色。上海园区经济走出去可纳入对外投资合作领域和城市竞争力培养的重要内容、关键环节,勇当重点领域改革实践区,加速园区国际化进程,将上海乃至中国发展经验供全球分享、复制和推广。三是积极对接国家宏观政策。上海园区出海应积极响应国家宏观政策,在持续改进海外营商环境,搭建对外投资合作平台,开展工业化伙伴关系、推进国际产能合作、重大项目落地,为企业提供全方位服务等多方面发挥作用。同时,积极争取国家各类基金、补助等形式的投融资支持,以及优惠信贷、项目融资、出口保险等政策支持。

6.5.2　积极推动上海园区与企业联合出海

一是确立服务沪上及国内企业抱团"走出去"目标导向。有针对性地根据企业产品输出、海外投资、营销研发等环节在"一带一路"沿线及世界范围的地理分布情况,努力打造境外园区成为支撑企业"走出去"重要平台和中国海外企业安全、高效成长的载体空间,为企业海外原材料有效供给、产品国际市场开拓及海外投资活动"保驾护航",提供境外综合服务,促进上海园区企业到境外建设生产基地、营销网络,拓展贸易渠道,开发国外市场,培育自主品牌,推动上海优势产业海外规模化、集群式发展。二是发挥上海国资国企和上海园区公司化运作优势。"一带一路"沿线海外园区建设一般投资规模大、时间长、见效慢,并且与不同制度环境下东道国合作需要繁琐的磋商沟通。一方面,发挥上海国资、国企实力雄厚和海外布局较早的优势,带头投资、牵头成立联合体,依托主业打造园区,带动产业链不同环节的企业走出去,依托海外园区推进全球布局并以此强化上海国资国企的国际竞争力和全球资源配置能力;另一方面,发挥上海园区公司化运作的优势,弥补政府层面谈判的宏观性和原则性局限,灵活处理海外园区合作涉及的项目谈判、评估、规划、建设、运营及管理等各环节问题,探索 PPP 合作方式,实现园区投资共建、风险共担、利益共享。三是纳入上海对外投资合作政策和公共服务体系建设。形成企业与园区联合出海的"顶层设计"框架机制,加强统筹指导和多方协调,力促政府不同归口管理部门、园区管委会、园区开发运营公司、园区行业协会、园区联盟、园区企业、走出去企业联盟、商协会等利益相关方拓宽视野,统一认识。同时,健全国内园区与海外园区通用及分类规范,进一步提升园区经济管理和服务水平。四是依托上海市外经贸发展专项资金,或单独成立上海园区出海专项基金,在资金方面给予园区走出去更大优惠支持,更好地配合企业走出去。

6.5.3 对标新加坡园区经营与海外布局方略

新加坡"产业园区化、园区城市化、园区国际化"的模式是世界的典范。长期以来,新加坡通过经营园区来经营城市,通过世界范围内共建园区,突破本土有限的发展空间,寻求国际合作机遇,提升城市全球影响力。上海建设全球城市选择新加坡作为对标城市之一,要学习借鉴其园区经营与海外布局方略。一是针对性地剖析"一带一路"沿线国家和地区的发展意愿、战略诉求及潜在合作机会。这方面,中新政府间战略合作的三大项目及其他支持园区项目可以提供借鉴(表 6.5)。20 世

表 6.5　新加坡在中国的园区布局

名　称	位置和时间	性　质	目　标　定　位
苏州工业园	苏州,1994	政府间战略合作	改革开放试验田、国际合作示范区,借鉴运用新加坡经济和公共管理经验
中新天津生态城	天津,2007	政府间战略合作	以新加坡等发达国家的新城镇为样板,建设成为一座可持续发展的城市型和谐社区
中新(重庆)战略性互联互通示范项目	重庆,2015	政府间战略合作	以"现代互联互通和现代服务经济"为主题,契合"一带一路"、西部大开发和长江经济带发展战略
中新广州知识城	广州,2012	企业主导、政府支持	建设成为中国自主创新的先行区、知识经济的高地、推动珠江三角洲产业转型的强大引擎、中国—东盟区域性创新中心和生态宜居的新城区
新川创新科技园区	成都,2012	企业主导、政府支持	通过高新技术转化和应用,集现代制造、现代服务业、现代生活于一体,建设一个工业化和城镇化相结合的园区
中新吉林食品区	吉林市,2012	企业主导、政府支持	突出"食品质量和安全"这个主题,旨在打造国际一流的安全健康食品生产和加工基地
中新南京生态岛	南京,2009	企业主导、政府支持	科技研发创意智慧国际化产业园区

纪 90 年代共建苏州工业园顺应了中国引用外资以加快工业化及制造业崛起的诉求,2007 年中新天津生态城定位于为资源节约型、环境友好型社会建设提供积极的探讨和典型示范。近期中新(重庆)战略性互联互通示范项目则以"现代互联互通和现代服务经济"为主题,契合"一带一路"战略获取潜在收益。所以,上海海外园区布局应尽可能选择与上海产能契合度高、合作愿望强烈、合作条件和基础好的发展中国家作为重点国别,并积极开拓发达国家市场,以点带面,逐步扩展。二是发挥上海城市综合竞争优势,精心打造海外标志性园区项目。依托长三角作为世界第七大全球城市区域和世界工厂的制造业优势,结合东道国特点打造境外工业园区和产能合作示范基地,重点支持高新技术、先进制造业、优势行业的对外投资合作;整合提升上海建筑、咨询、设计、科技服务等行业所积累的人才、成本相对优势,精心打造海外标志性园区项目。三是借鉴新加坡在园区海外布局和港口管理运营方面良好经验。新加坡在海外基本不建港口,但港口管理与运营是其长项,因此新加坡不仅获得了高附加值的利润,更赢得了良好的口碑。中长期内,"一带一路"的发力点为运营项目或高端服务项目,上海要发挥经济、贸易、航运、金融、科创中心综合优势,为海外园区投资、建设、运营全方位服务。

6.5.4　拓展发挥上海自贸区的国际化引领作用

开放是上海最大的优势。2013 年上海自贸试验区设立,体现了适应国际国内新环境变化,在更高层次、更广范围构建开放型经济新体制的国家战略意图,为上海实施新一轮高水平的对外开放,引领全国对接国际投资贸易新规则新标准的提供了历史契机。首先,上海要用好自贸试验区先行先试的制度创新优势,探索以制度创新全面深化改革的新路径,进一步扩大服务业对外开放,更大限度放宽外商投资准入限制,在知识产权保护、竞争中立、投资者权益保护等方面积极探索,为"一带一路"沿线园区合作和自贸区建设树立标准和做好储备。其次,上海自贸试验区要建设成为全国开放程度最高的园区,一方面,形成更多适应国际规则新要求的制度体系,并积极在上海及全国范围内复制推广,实现以制度革新拓展国际合作的新空间;另一方面,引导其他园区积极梯度对接上海自贸试验区,主动模仿上海自贸试验区制度创新和开放探索,做强以国家级和省级开发区为重点的产业承接、产业转移平台功能。强化园区基础设施建设,创新园区建设模式,借助各自基础和自身优势,共同发挥国际合作平台和载体作用。再次,上海自贸试验区与海内外园区广泛合作,通过嫁接国际惯例和磋商经贸投资规则,为企业走出去提供便利和支持,搭建好企业国际化和跨境并购的重要平台。另外,依托上海五大中心集聚辐射功能,发挥自由贸易试验区和自主创新示范区联动效应,搭建长江流域园区与产业合作平台,共同深化长江流域园区与产业合作,共同促进产业转型升级,构筑对内对外双向开放、内资外资集聚辐射的长江经济带产业合作平台。

参 考 文 献

ADB，2015，Asian Economic Integration Report 2015. www.adb.org.

BFA Research & Training Institute，One Belt and One Road：Strategy，Vision and ActionPlan［EB/OL］，http://english. boaoforum. org/u/cms/www2/201506/12105150wofz.pdf.2015-08-16.

Budd，L.，1995，"Globalisation，Territory and Strategic alliance in Different financialcentrals"，*Urban Studies*，32：345—60.

Duranton，Gilles，and Diego Puga.，2004，"Micro-foundations of Urban Agglomeration Economies"，*Handbook of Regional and Urban Economics*，4：2063—2117.

Krugman P. Development，*Geography and Economics*，Cambridge，MA：MIT Press，1995：71—75.

Krugman P.，"Increasing Returns and Economic Geography"，*Journal of Political Economy*，1991(99)：484—99.

Marshall A. and Harding C.，"How Britain Sets the World Afloat，Independent on Sunday"，*Business Section*，1993(19)：12—13.

Singa Boyenge，J. P. 2007，ILO Database on Export Processing Zones (Revised)，International Labour Organization.

安宇宏：《"一带一路"战略》，《宏观经济管理》2015 年第 1 期。

本刊评论员：《共建"一带一路"战略开创我国全方位对外开放新格局》，《求是》2015 年第 5 期。

陈二厚：《依托黄金水道建设长江经济带，立足改革开放谋划发展新棋局》，《人民日报》，2014 年 4 月 29 日第二版。

陈辉煌，真虹：《借力上海国际航运中心建设，提升航运金融服务》，《世界海运》

2010 年第 1 期。

陈耀:《"一带一路"战略的核心内涵与推进思路》,《中国发展观察》2015 年第
1 期。

陈耀:《"一带一路"战略的核心内涵与推进思路》,《中国发展观察》2015 年第
1 期。

董岗:《伦敦国际航运服务集群的发展研究》,《中国航海》2010 年第 3 期。

董少校:《上海暑期学校设"一带一路"项目》,《中国教育报》2015 年第 2 版。

方创琳、毛其智、倪鹏飞:《中国城市群科学选择与分级发展的争鸣及探索》,
《地理学报》2015 年第 4 期。

方创琳、毛其智、倪鹏飞:《中国城市群科学选择与分级发展的争鸣及探索》,
《地理学报》2015 年第 4 期,第 515—527 页。

方舟:《廖海峰,陈镇宁:香港国际航运中心的转型与升级》,《经济导报》2009
年第 22 期。

冯湛青:《上海国际航运中心相关产业的发展战略》,《国际商务研究》2006 年
第 27 期。

高虎城:《稳中求进、改革创新,努力开创商务发展新局面》,《国际经济合作》
2014 年第 1 期。

郭泉真、李晔:《长江经济带是"两带一路"的关键》,《解放日报》,2014 年 8 月
12 日第四版。

郭先登:《关于大国区域经济发展空间新格局理论与实践的思考》,《经济与管
理评论》2015 年第 1 期。

国际货币基金组织编:《世界经济展望》,中国金融出版社 2014 年版。

国家发展改革委、外交部、商务部:《推动共建丝绸之路经济带和 21 世纪海上
丝绸之路的愿景与行动》,2015 年 3 月。

韩汉君、黄恩龙:《城市转型的国际经验与上海的金融服务功能建设》,《上海经
济研究》2006 年第 5 期。

韩倩:《上海航运业和金融业产业关联研究》,上海海事大学硕士论文,2006。

花亚峰:《洋山港集装箱海铁联运的系统分析》,上海海事大学硕士论文,2007。

黄益平:《中国经济外交新战略下的"一带一路"》,《国际经济评论》2015 年第

1 期。

霍建国：《"一带一路"战略构想意义深远》，《人民论坛》2014 年第 5 期。

计小青：《基于条件分析的上海国际航运中心建设对策研究》，《科学发展》2011 年第 9 期。

江若尘等：《中国（上海）自由贸易试验区对上海总部经济发展的影响研究》，《外国经济与管理》2014 年第 4 期。

姜睿：《"十三五"上海参与"一带一路"建设的定位于机制设计》，《上海经济研究》2015 年第 1 期。

姜睿：《以上海为核心节点的"一带一路"等国家战略整合机制探索》，《现代经济探讨》2015 年第 4 期。

蒋政音：《从国家战略视角看上海自贸区建立》，《中国国情国力》2014 年第 11 期。

荆林波、袁平红：《中国（上海）自己贸易试验区发展评价》，《国际经济评论》2015 年第 5 期。

[美]卡萨达：《航空大都市——我们未来的生活方式》，河南科学技术出版社 2013 年版。

孔子学院总部官方网站：http://www.hanban.edu.cn/。

李丹明：《国外铁路集装箱联运及我国发展铁路集装箱联运的对策》，《哈尔滨铁道科技》2001 年第 3 期。

李克强：《以产业转移促进中国经济提质升级》，《中国集体经济》2014 年第 24 期。

李鲁，张学良：《上海自贸试验区制度推广的"梯度对接战略"探讨》，《外国经济与管理》2015 年第 2 期，第 69—80 页。

李强，陈宇琳，刘精明：《中国城镇化"推进模式"》，《中国社会科学》2012 年第 7 期，第 82—100 页。

李文娟：《上海发展高端航运服务业的思考》，《中国水运》2011 年第 6 期。

李翔：《如何增强对石油的定价权?》，《上海证券报》，2014 年 11 月 14 日第 3 版。

李向阳：《构建"一带一路"需要优先处理的关系》，《国际经济评论》2015 年第 1 期。

李雪:《教育国际合作新模式的探索实践——浅析上海合作组织大学》,《教育教学论坛》2013 年第 33 期。

李耀鼎:《上海国际航运中心集疏运体系"十二五"发展之我见》,《上海城市规划》2010 年第 4 期。

李智慧:《上海国际航运中心建设问题研究》,上海师范大学硕士论文,2010。

林江:《浦东新区航运金融报告》,上海海事大学研究报告,2009。

刘方,吴德晖:《伦敦金融中心发展的背景、特点及对上海金融中心的启示》,《海南金融》2010 年第 8 期。

刘鹤:《两次全球大危机的比较研究》,《比较》2012 年第 5 期。

刘乃全,李鲁,刘学华:《上海服务一带一路战略的定位探析》,《经济与管理评论》2015 年第 5 期。

刘晓雷:《现代航运服务业的内在机理与发展政策》,《中国港口》2011 年第 1 期。

刘阳生:《纽约、东京、伦敦文化软实力发展比较研究》,《建设世界城市提升首都软实力论坛文集》,2010 年。

柳思思:《"一带一路":跨境次区域合作理论研究的新进路》,《南亚研究》2014 年第 2 期。

卢峰:《一带一路战略的三重定位》,北京大学国家发展研究院主页,2015 年 6 月 2 日。

马建芳、吴玉函:《全球金融中心指数深圳排中国内地第二》,《深圳商报》,2015 年 3 月 26 日第 A05 版。

潘小明:《上海国际航运中心建设及航运金融研究与策略建议》,《深圳金融》2010 年第 11 期。

裴长洪、付彩芳:《上海国际金融中心建设和自贸区金融改革》,《国际经贸探索》2014 年第 11 期。

阮宗泽:《中国需要构建怎样的周边》,《国际问题研究》2014 年第 2 期。

上海合作组织大学中文官方网站:http://uni-sco.ru/。

上海市发展改革研究院课题组:《金融服务于上海国际航运中心建设研究》,《上海综合经济》2009 年第 51 期。

上海市人民政府发展研究中心课题组:《上海积极主动融入"一带一路"国家战略研究》[J],2015(5)。

上海市商务委员会:《上海企业对外投资合作年度发展报告(2015)》。

上海市统计局:《上海"十一五"时期经济和社会发展系列专题分析报告》,2011。

邵婧:《上海基本航运服务业存在的问题与对策》,《综合运输》2011 年第 3 期。

盛毅,余海燕,岳朝敏:《关于"一带一路"战略内涵、特性及战略重点综述》,《经济体制改革》2015 年第 1 期。

世界银行和国务院发展研究中心:《2030 年的中国:建设现代、和谐、有创造力的社会》,中国财政出版社 2013 年版。

孙凌云:《国际视野中的"上海合作组织"》,《国际观察》2006 年第 2 期。

孙伟:《"一带一路"战略构想的基础及策略》,《宏观经济管理》2015 年第 4 期。

汤震宇:《加快发展国际集装箱海铁联运的研究》,《中国港口》2009 年第 1 期。

唐晓阳:《中非经济外交及其对全球产业链的启示》,世界知识出版社 2014 年版。

万晶晶、彭媛媛:《上海国际航运中心建设:需依托"一带一路"战略和自贸区政策》,《市场周刊》2015 年第 8 期。

王飞,程树高:《国际金融中心与国际航运中心关系探析》,《浙江金融》2010 年第 1 期。

王海燕:《上海在"一带一路"和长江经济带建设中的定位与作用研究》,《科学发展》2015 年第 3 期。

王杰:《国际航运中心形成与发展的若干理论研究》,大连海事大学博士论文,2007。

王敏等:《"一带一路"战略实施与国际金融支持战略构想》,《国际贸易》2015 年第 4 期。

王婷婷:《上海国际航运中心基础设施建设存在问题与对策建议》,《水运管理》2010 年第 6 期。

王玮:《发展海铁联运加快上海国际航运中心建设》,《港口经济》2009 年第 1 期。

王亦琛:《助力"一带一路",小语种有大前景》,《南方教育时报》2015 年第 20 版。

王战:《关于上海"四个中心"建设的若干思考》,《科学发展》2014 年第 4 期。

吴宇:《"一带一路贸易商企业联盟"在上海成立》,新华网 2015 年 3 月 27 日。

肖林,马海倩:《十二五时期加快建设上海国际经济金融、贸易、航运中心思路研究》,《科学发展》2010 年第 3 期。

须音茹:《航运业 FDI 及我国航运企业"走出去"战略研究》,上海海事大学硕士论文,2006。

许纪霖:《普世文明与中国文化的百年撕裂》,凤凰大学问,http://news.ifeng.com/a/20150625/44043157_0.shtml。

薛力:《中国"一带一路"战略面对的外交风险》,《国际经济评论》2015 年第 2 期。

杨洁篪:《在纷繁复杂的国际形势中开创中国外交新局面》,《国际问题研究》,2014 年第 1 期。

杨荣斌、陈超:《世界城市文化发展趋向——以纽约、伦敦、新加坡、香港为例》,中国网 2004 年。

姚瑜琳:《上海发展航运金融业的制约因素及对策研究》,《新金融》2009 年第 1 期。

袁新涛:《"一带一路"建设的国家战略分析》,《理论月刊》2014 年第 11 期。

岳松:"论金融业集聚——上海国际金融中心形成的路径与对策",《兰州商学院》,2014 年。

张捷:《当代国际航运中心的发展新趋势——兼析上海国际航运中心的规划建设》,《城市规划汇刊》2001 年第 6 期。

张可云:《"一带一路"建设的国际视野、操作重点与影响展望》,《中国发展观察》2015 年第 4 期。

张茉楠:《全面提升"一带一路"战略发展水平》,《宏观经济管理》2015 年第 2 期。

张戎,闫攀宇:《洋山深水港区集装箱海铁联运现状分析及对策建议》,《中国港口》2006 年第 8 期。

张玉杰:《"一带一路"是中国建设大棋局中的棋眼》,《中国党政干部论坛》2014

年第 12 期。

赵东波、李英武:《中俄及中亚各国"新丝绸之路"构建的战略研究》,《东北亚论坛》2014 年第 1 期。

真虹:《在上海国际航运中心建设中努力建立长三角港口群协调发展机制》,《科学发展》2010 年第 3 期。

郑景昕:《金砖银行落沪,金融中心扬帆》,《东方早报》,2014 年 7 月 18 日第四版。

中国国际贸易研究中心:《"一带一路"沿线国家产业合作报告》,2015 年 8 月。

周振华等:《上海:城市嬗变及展望(上、中、下卷)》,格致出版社 2010 年版。

周振华:《如何把握和开展面向未来 30 年的上海发展战略研究》,《科学发展》2014 年第 6 期。

周振华,陶纪明等:《上海战略研究:历史传承与时空方位》,格致出版社、上海人民出版社 2015 年版。

周振华,陶纪明等:《战略研究:理论方法与实践》,格致出版社、上海人民出版社 2014 年版。

图书在版编目(CIP)数据

上海服务"一带一路"定位研究/刘乃全等编著.
—上海:格致出版社:上海人民出版社,2017.6
(自贸区研究系列)
ISBN 978 - 7 - 5432 - 2753 - 8

Ⅰ.①上…　Ⅱ.①刘…　Ⅲ.①自由贸易区-经济发展
-研究-上海　Ⅳ.①F752.851

中国版本图书馆 CIP 数据核字(2017)第 086717 号

责任编辑　钱　　敏
装帧设计　路　　静

自贸区研究系列

上海服务"一带一路"定位研究

刘乃全　等编著

出　版	世纪出版股份有限公司　格致出版社 世纪出版集团　上海人民出版社 (200001　上海福建中路 193 号　www.ewen.co)	印　刷	苏州望电印刷有限公司
		开　本	787×1092　1/16
		印　张	9.75
	编辑部热线　021-63914988 市场部热线　021-63914081 www.hibooks.cn	插　页	3
		字　数	154,000
		版　次	2017 年 6 月第 1 版
发　行	上海世纪出版股份有限公司发行中心	印　次	2017 年 6 月第 1 次印刷

ISBN 978 - 7 - 5432 - 2753 - 8/F • 1029　　　　　　　　　　　　　　　　定价:35.00 元